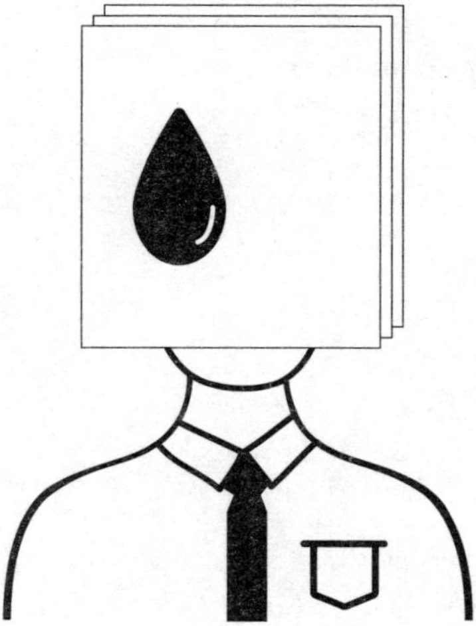

社交恐惧心理学

黎瑞芳◎著

苏州新闻出版集团
古吴轩出版社

图书在版编目（CIP）数据

社交恐惧心理学 / 黎瑞芳著. -- 苏州 ：古吴轩出版社, 2020.9（2024.6重印）
ISBN 978-7-5546-1608-6

Ⅰ. ①社… Ⅱ. ①黎… Ⅲ. ①心理交往－通俗读物 Ⅳ. ①C912.11-49

中国版本图书馆CIP数据核字（2020）第181480号

责任编辑：蒋丽华
见习编辑：张雨蕊
策　　划：花　火　董丽艳
装帧设计：尧丽设计

书　　名：社交恐惧心理学
著　　者：黎瑞芳
出版发行：苏州新闻出版集团
古吴轩出版社
地址：苏州市八达街118号苏州新闻大厦30F
电话：0512-65233679　　邮编：215123
出 版 人：王乐飞
印　　刷：衡水翔利印刷有限公司
开　　本：880mm × 1230mm　1/32
印　　张：7.5
版　　次：2020年9月第1版
印　　次：2024年6月第6次印刷
书　　号：ISBN 978-7-5546-1608-6
定　　价：42.00元

前言

P R E F A C E

“下班走在回家的路上，看到邻居走在前面时，为了不和邻居碰面，我会故意绕远路，放慢走路的速度。”

“在公交车上看到熟人时，即使离得不远，只要对方没看见我，我就装作没有看见他。”

“逛商场时，销售员主动上前帮忙解说时，本来想仔细看看衣服的我，会立刻放下衣服走出某家店。”

“在餐馆吃饭时，即使服务员把菜上错了，我也会默默地把菜吃光，而不会向服务员提要求，让他把菜换回来。”

……

你对以上几种情境的处事方式持什么观点呢？是觉得当事人缺乏社交礼仪还是深有同感呢？其实，这些表现只是社交恐惧症患者日常生活中的一小部分。

人是群居动物，我们都会害怕孤独，而社交恐惧症患者则会显得另类。

有人患有幽闭恐惧症，觉得幽闭的空间令人感到压抑，人们可以理解；有人觉得尖锐的物体很危险，感到害怕，有尖物恐惧症也是合理的；有人觉得过于密集的排列十分刺激眼球，让自己很不舒服，会让密集恐惧症发作，这也是很正常的。可是社交恐惧症患者害怕的却是社交，是我们日常生活中经常性的和人的接触与交往。怎么想都觉得不合理，因此，很多人对社交恐惧症患者存在误解，觉得他们是无病呻吟。

其实，社交恐惧症是一种社交焦虑障碍，指的是对社交或公开场合感到强烈恐惧或忧虑的一种精神疾病。社交恐惧症患者在社交场合会产生一种显著且持久的恐惧心理。无论是与陌生人接触，还是日常的生活交际，他们都过分关注他人的看法，害怕自己的行为引起他人的负面评价。为了逃离他人的注目，摆脱社交给自己带来的巨大痛苦，他们便会在社交中表现出退缩、回避等行为。

美剧《生活大爆炸》中的拉吉就是典型的社交恐惧症中的异性恐惧症患者，他在男性朋友面前可以侃侃而谈，但是在女性面前就很紧张，一句话也说不出；拉吉的女友露西是典型的社交恐惧症患者，几乎每次约会，露西都会中途溜走。甚至有一次，拉吉和露西选择在图书馆约会，因为这样他们就不必当面交谈，而可以通过面对面用手机发短信的方式来交流。

作为剧中的一个场景，这让人觉得既有趣又感动。但是在实际生活中，社交恐惧症患者的处境并没有这么美好。在社交场合，他们的内心是煎熬的，身体是无力的。

在某综艺节目中，一位演员演绎的作品《我想找个地方躲起来》诠释了一个社交恐惧症患者的内心世界：在办公楼的电梯里，被同事搭讪时会紧张不安，心跳加速；在会议上被要求发言，会想要逃离；对于同事的好心提醒，会进行恶意揣度，觉得他们是在表达对自己的不屑与不满……

这些对大多数人来说再普通不过的社交场合，都是社交恐惧者心中的噩梦，是他们想要逃离的场所。也正是因为受到社交恐惧症的折磨，他们的日常生活也受到了严重的影响，生活质量严重下降。因此，正视社交恐惧症，采取正面、积极的方式应对内心的恐惧，战胜社交恐惧症，他们才能真正地享受社交的乐趣，体验美好的人生。

本书先从认识社交恐惧症开始，介绍了什么是真正的社交恐惧症，社交恐惧症的类型与表现，以及社交恐惧症与性格的关系；接着从正确认知自我、关注内在信念等方面帮助患者重置恐惧思维，找到适合自己的社交方式；最后提出了克服社交恐惧的心理疗法与实践疗法，帮助患者走出恐惧后遗症，享受社交的乐趣。而且，书中每一章都包含一个心理测试，可以帮助读者更好地理解自己、读懂自己，从而走出被社交恐惧支配的生活，怀着“世界那么大，我想去看看”的心态迎接美好的明天。

目录

C O N T E N T S

第1章

社交恐惧：自我保护的人际交往模式

你好

我们常听到有人说自己是社交恐惧症患者，

像芬兰人一样不爱社交。

不要有心理压力

其实，大多数人只是内向、害羞而已，

我们一起

这与社交恐惧症有着本质的区别。

事实上，社交恐惧更像是一种自我保护的人际交往模式。

嗨

患者担心自己在人际交往中受伤，

被他人误解，给他人留下不好的印象，

放轻松

很高兴认识你

于是，为了不出现这些状况，

他们便选择了一种极端的处理方式——回避，

甚至因过度担心而开始害怕社交。

大家好

加油

心理小测试 你是否有社交恐惧症

你曾经怀疑自己有社交恐惧症吗？在与他人交往的过程中，你是不是感到十分紧张、不舒服呢？你了解自己的社交状况吗？请你根据自己的实际情况完成下面的小测试吧。

测试内容

本测试共有10道题目，每道题目均有4个选项，请认真阅读下面的每道题目，并根据自己的实际情况在每道题目前的括号内填上你的答案。

A=从不或很少如此，B=有时如此，C=经常如此，D=总是如此。

( ) 1. 我怕在重要人物面前讲话。

( ) 2. 在人面前脸红，我很难受。

( ) 3. 我害怕聚会及一些社交活动。

( ) 4. 我常常会回避和我不认识的人进行交谈。

( ) 5. 我不愿意让别人议论我。

( ) 6. 我回避任何以我为中心的事情。

( ) 7. 我害怕当众讲话。

( ) 8. 我不能在别人的注目下做事。

( ) 9. 看见陌生人，我就会不由自主地发抖、心慌。

( ) 10. 我经常梦见和别人交谈时出丑的窘样。

计分方法

A=1分，B=2分，C=3分，D=4分。

将每道测试题所选答案后括号内的分值相加，得出总分即可。

测试结果

10分：恭喜你，你并没有患社交恐惧症。

11~24分：你已经有了轻度的社交恐惧症症状，照此发展下去可能会不妙。

25~35分：你处在社交恐惧症患者的边缘，如有时间一定要到医院求助精神科医生。

36~40分：你已经是严重的社交恐惧症患者了，赶快去求助心理医生吧，相信他会帮你摆脱困境。

什么是真正的社交恐惧症

节前导读

内向和害羞与社交恐惧症有着巨大的区别。内向者喜欢独处，害羞者与人交往时会感到不自在，而社交恐惧症患者在社交中则会陷入恐慌，有着强烈的情绪反应。

你是一个内向的人吗？你是一个害羞的人吗？你觉得自己有社交恐惧症吗？

在生活中，很多人都宣称自己是“社交恐惧症患者”，因为他们在与人交往时会感到不舒服，或者不愿意与他人亲近，故意躲避社交等。其实，出现这些行为并不代表一个人患上了社交恐惧症，还可能是性格内向或者害羞。

正因为内向和害羞与社交恐惧症的某些症状相似，所以，很多人都将这三者混为一谈。其实，社交恐惧症与内向和害羞并不是一回事，这三者之间有着本质的区别。

1. 内向

我们常常用内向和外向来形容一个人的性格，而内向者往往会被贴上“不合群、腼腆、安静、保守、喜欢独处”等标签。于是，很多人就产生了“内向＝社交恐惧”的想法，认为内向的人是有社交障碍的。其实并非如此。

从心理学的角度来讲，内向是一种人格气质。对于社交，内向者更在乎自己内心的感受，社交并不会令他们感到恐惧或紧张，他们甚至会享受社交活动带来的乐趣。内向者更多的是从自己的感受出发，他们会主动选择是否参与社交。

对于内向者来说，相比于与人交往，他们有时更喜欢也更习惯独处，这就是他们的生活方式。而且，他们并不需要克服种种困难就可以与人建立友谊，他们并不存在社交障碍。

2. 害羞

在多数情况下，内向者都会被误认为是害羞，其实，害羞和内向并没有必然的联系。害羞指的是人们在社交场合中不愿意与他人亲近，这是一种常见的人格特质。害羞者经常独来独往，他们往往会躲避社交，与人相处时会感到尴尬、不舒服，而内向者则只是单纯地喜欢独处。

每个人都或多或少地有些害羞。著名心理学家菲利普·津巴多经过对一万多人的调查研究发现，超过40%的人都有不同程度的害羞表现。

害羞者在与人交往时会产生一种不自在的心理，他们担心自己的缺点被他人看到，虽然内心渴望与人交往，但他们不会主动与他人接触。在与人交往时，有些害羞者往往会产生一种错觉，觉得他人对自己产生了不好的印象与评价，因而会出现脸红、结巴、心跳加速等症状。当然，这些症状是可控的，虽然在一定程度上对人们的生活造成了影响，降低了人们的生活水平，但这并不像社交恐惧症一样严重。

3. 社交恐惧症

社交恐惧症，指的是对社交或公开场合感到强烈恐惧或忧虑的一种精神疾病，也被称为社交焦虑障碍。社交恐惧症患者在社交场合会产生一种显著且持久的恐惧心理，无论是与陌生人接触，还是日常的生活交际，他们都过分关注他人的看法，害怕自己的行为会引起他人的负面评价。为了逃离他人的注目，摆脱社交给自己带来的巨大痛苦，他们便会在社交中表现出退缩、回避等行为。

社交恐惧症患者总是担心自己会在他人面前出丑，对社交情境会感到极度焦虑，在社交场景中，他们会出现心跳剧烈、口干、出汗、脸红、结巴、轻微颤抖等症状。

由此可见，社交恐惧症与内向和害羞不同。三者之间的差别见下表：

表1-1　内向、害羞与社交恐惧症的差别

项目	内向	害羞	社交恐惧症
对社交的恐惧程度	不害怕	轻微害怕	极度害怕
是否对社交感到焦虑	轻微焦虑或不焦虑	中度焦虑	严重焦虑
是否逃避社交	不逃避	中等逃避	频繁逃避
是否影响生活质量	轻度或不影响	中度影响	严重影响

总之，不论是内向还是害羞，都是正常的人格特质，而社交恐惧症则是病态的，伴随着很高程度的社交焦虑及相关障碍。这三者的内心独白如下。

内向者的独白："我喜欢独处，我不害怕社交。"

害羞者的独白："我想躲避社交，我担心被人看出不自在。"

社交恐惧症患者的独白："我十分害怕社交，与人交往时我会心慌难受，我不得不一个人待着。"

小知识

焦虑与恐惧也有所区别。焦虑是对未来可能出现的威胁的一种忧虑状态，指的是当人感到可能会有威胁时的一种情绪，通常与不确定的事物或者未知的事物相关；而恐惧是一种对即时危险的情感反应，是当人知道确实有威胁时的一种情绪。

比如，担心一周后的面试会出现差错是焦虑的表现，在面试时感到紧张和不安则是恐惧的表现。

社交恐惧症患者到底在害怕什么

节前导读

很多人都认为社交恐惧症患者只有在与陌生人或不熟悉的人交往时才会产生恐惧。其实不然。在很多场景中，即使周围都是社交恐惧症患者熟悉的人，他们也会感到恐惧、心慌。

在与陌生人接触时，你会感到紧张吗？在公开的场合演讲，你会想要逃避吗？在与家人或朋友聚餐时，你会感到不自在吗？

其实，在这些社交场景中，人们产生一些紧张、不适等感觉是十分正常的，但若反应过度，出现与场景程度不相匹配的反应，就会让人觉得不可思议。对于这种情况，我们都不免会思考：社交恐惧症患者到底在害怕什么呢？到底这些场景中有什么可怕的呢？

社交恐惧症患者害怕的社交场景，主要分为以下四类。

1. 公众场合

这一类场景包括考试、面试、上台表演、当众朗读、会议发言等。在这些场景中，不仅社交恐惧症患者会感到恐惧，很多正常人也会感到紧张与害怕，但他们会克服这种恐惧心理。

比如，一个话剧演员在上台之前可能会经历紧张、不安、害怕等恐惧情绪，担心自己在舞台上会出错，担心自己做得没有想象中那么完美。但是，当他们站到舞台上开始表演的时候，他们就会忘记这种恐惧感，反而会享受舞台表演的乐趣。

反之，如果他们无法克服这种恐惧，无法很好地控制自己的想法与身体，那么他们恐怕就无法胜任这份工作。

2. 寒暄互动的场景

这一类场景包括与邻居、同事、客户等闲聊，与陌生人会面、打交道等。

对很多人来说，与同事闲聊、与邻居闲谈、与陌生人打招呼是日常生活中再平常不过的事情。但是对社交恐惧症患者来说，这些寒暄互动的场景是他们恐惧的滋生地，他们会因为害怕自己的表现糟糕，害怕出现冷场等而无法表现得淡定从容。

3. 表达意见的场景

这一类场景包括拒绝他人的请求、向他人提出意见、要求他人提供服务、申请获得加班补贴、转达自己的异议、申诉不公平的对待、回应批评或责备、投诉商家等。

美剧《生活大爆炸》中拉吉的女朋友露西在面对这些场景时就会表现出强烈的恐惧。在一次约会中，露西觉得服务员给自己上的菜味道不对，但是她不敢把这道菜退回去，而只想着自己不吃就行了。在拉吉叫来服务员后，露西还是没有说出来，反而借口上卫生间逃走了。

在这些场合中，社交恐惧症患者的主要表现就是不懂说“不”。对于不还钱的朋友，他们不懂说“不”，于是就又借出去了一笔有去无回的钱；对于不友好的同事，他们不懂说“不”，于是只好自己加班，做着不属于自己的工作；对于质量有问题的商品，他们不懂说“不”，不去投诉商家，于是只好自己承担这份损失。

可以说，对于社交恐惧症患者来说，“要求别人”这一行为会让他们变得焦虑，而为了摆脱这种感觉，他们大多选择了逃避。

4. 观察场景

这一类场景主要指的是受到他人的注视。比如：在马路上行走时，由于发出了较大的声响而引起了他人的关注；上课迟到，打报告时被他人注视；修改某些文档时，同事在一旁盯着；等等。这些场景并不是他们预料之中的，很多是突发性的，这就使得社交恐惧症患者的恐惧感更加强烈。

以上四类社交场景是我们生活中的常见场景。但并非所有的社交恐惧症患者都害怕这几种场景，有的可能害怕其中的一种场景，有的可能害怕其中的多种场景。

这些社交场景之所以会让社交恐惧症患者产生恐惧与焦虑等情绪，是因为在这些场景中时，他们是被置于他人的目光或评价下的，尽管这种目光或评价是经过社交恐惧症患者自己放大的，或是他们脑海中想象出来的。

小知识

动物在被对方观察时也会表现出不适感。比如，哺乳动物通过死死地盯住对方来确立自己的主导地位，弱势动物在面对强势动物时会眼睑低垂，如果弱势的一方拒绝低头，那么很可能会引发一场动物大战。

评定你的社交恐惧等级

节前导读

每个人对不同社交场景的恐惧程度是不同的。对于不同的社交场景，可能某个人感觉没什么问题，另一个人却浑身不自在。其实，社交恐惧也存在等级，能帮助人们评估社交恐惧级别，了解恐惧层次。

对于不同的社交场景，社交恐惧症患者的恐惧程度也是不同的。有些人会对其中的某个场景表现出强烈的恐惧，但对于其他场景则没有太大的感觉，而有些人则会在这些场景中表现得比较失控。

比如：有人害怕当众发言，却不担心与朋友一对一地进行私密交流；有人担心经常去小商店会被搭讪，但去大型超市购物则没有这种担心；但也有人对这些社交场景都感到恐惧。

下表列出了令社交恐惧症患者感到不安的最常见的场景及其所

占的比例。

表1-2　令社交恐惧症患者感到不安的常见场景及其所占的比例

常见场景	所占比例
在公众场合讲话，或是进行正式的互动	70%
非正式的讲话	46%
表达自我	31%
被他人关注	22%

法国著名心理学家、精神科医师克里斯托夫·安德烈和巴黎圣安娜精神院医生帕特里克·莱热隆将那些令人感到恐惧的社交场合，按照其发生的频繁程度，用下图来表示。

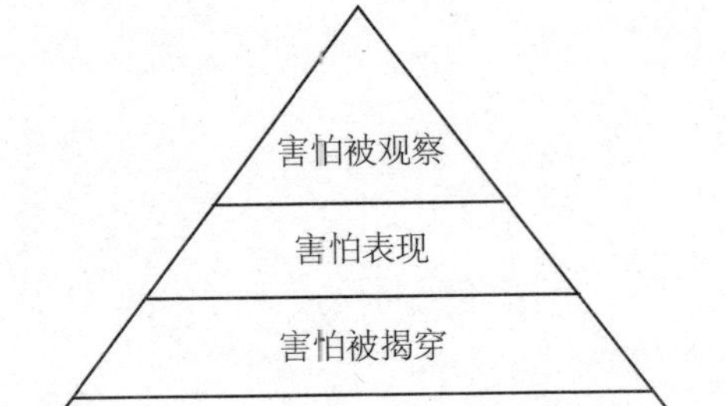

图1-1　令人感到恐惧的社交场合

其中，金字塔的最下方一层是令大多数人都感到恐惧的场景，每上升一层就意味着下面塔层的场景也同样会引起社交恐惧。比如，害怕被揭穿的社交者也会害怕失败，但未必害怕表现、害怕被观察。

一般来说，如果有人害怕被他人关注、害怕被观察，那么他也会害怕其他的社交场景，即对所有的社交场合都表现出惧怕。

小知识

每个人在这些等级的某个社交场合中都会表现出敏感，因此社交恐惧症患者并不是另类，只是敏感的程度更高一些。

社交恐惧症患者的四种表现形式

节前导读

处于社交场合中，社交恐惧症患者的身体、想法、行为和情绪都会出现一些反应，这几乎是他们在社交活动中的标志性特征。

如果你处于令自己感到不舒服的社交场景中，你会产生哪些想法呢？你的身体会发生什么变化呢？你又会做出哪些行为，出现哪些情绪感受呢？

对于社交恐惧症患者来说，在一些社交场合中，他们不仅会出现脸红、心跳等身体反应，还会出现一些不恰当的想法、行为和情绪等。

社交恐惧症患者的主要表现如下。

1. 身体

一些动物在遇到捕猎者时，身体会僵住不动。社交恐惧症患者在一些社交场合中，也会出现身体僵住、无法说话等症状。比如，美剧《生活大爆炸》中的拉吉在面对异性时就无法正常表达。

社交恐惧症患者的身体还可能出现以下症状：

★脸色发红或发白，尴尬的微笑表情。

★心跳加快、头晕目眩、恶心呕吐、呼吸困难或肠胃不适。

★出汗、颤抖、双手发抖或者不知摆放到何处。

★流泪、爱哭、视力模糊。

★肌肉紧张、疲软，如腿站不稳、脖子发酸。

因为害怕社交而引起身体的变化会让社交恐惧症患者十分困扰，因为这种身体反应也会让对方知道自己此时的感受，即紧张不安、难受焦虑，这会让社交互动变得十分尴尬。

2. 想法

除了身体表现外，焦虑的想法也是社交恐惧症患者的一大特征。不论是在社交前、社交过程中，还是在社交活动结束后，社交恐惧症患者的焦虑想法会一直伴其左右，而这些想法又往往是负面的、消极的，是令人不安的。因此，这些焦虑想法进一步加深了其对社交的恐惧心理。

社交恐惧症患者的焦虑想法可以按照社交前、社交进行时与社交结束后来具体分析。

（1）社交前的焦虑想法

在参与社交之前，社交恐惧症患者对于即将发生的事情会出现预期的焦虑，想象社交活动中自己会丢脸、出丑，从而害怕社交。

在社交前，他们常见的一些想法如下：

“如果谈话过程中，我脸红、流汗，怎么办？”

“如果他们看出来我很紧张，他们会怎么看待我呢？”

“如果到时候我的大脑一片空白，什么也说不出来，怎么办？”

“如果我什么话都不说，人们觉得我很蠢，怎么办？”

（2）社交进行时的焦虑想法

在社交活动中，人们的焦虑会逐渐增强，他们很少能集中注意力听别人的谈话，而会过度关注自己的想法和身体反应，而且由于错误的解读，人们的脑中会出现以下焦虑想法：

“那个人看起来很生气，难道是在生我的气吗？难道我说错了什么吗？”

“别人会怎么评价我刚才说的话呢？”

“我的大脑一片空白，如果有人故意说一些针对我的话，我要怎么回应呢？”

“为什么有人打了个哈欠？一定是我讲得不好吧！”

（3）社交结束后的焦虑想法

当社交活动结束后，人们通常会感到放松。但是在放松之后，一些负面的想法又会充斥在社交恐惧症患者的大脑中。如：

“我出洋相了，别人肯定会嘲笑我。”

“人们肯定觉得我很笨，再也不想跟我打交道了。”

“我表现得不够好，别人肯定也看出来我有多紧张了。”

“我一定是做错了什么……”

这些负面想法都只会加重社交恐惧症患者的恐惧情绪，让他们更排斥这些社交活动。如果你经常产生这样的想法，那你一定深受其扰，生活也会受到很大的影响。

3. 行为

回避行为和逃跑行为是社交恐惧症患者的标志性行为。回避行为主要指的是远离社交场景，或者远离令自己感到不安的某些因素。逃跑行为主要指的是离开社交场景。社交恐惧症患者常见的回避行为和逃跑行为有以下几种：

★目光游移不定，总是避开他人的视线，不敢与他人对视。

★待在角落处，避免成为他人关注的焦点。

★和相熟的一两个人交谈，待在自己的安全区。

★找借口，不参加那些让自己感到恐惧的社交活动。

★在社交活动进行到一半时，假装有急事突然离开。

★为了回避聊天，主动帮忙做其他的事，如洗碗。

社交恐惧症患者出现的这些行为是为了减缓自己的紧张、焦虑情绪，他们试图通过这样做来增强安全感，让自己不再如此害怕社交。

4. 情绪

在不适的社交场合中，社交恐惧症患者的情绪也会发生变化。他们不希望他人看到自己的情绪，于是选择隐藏这种情绪，但这样做反而会增加他们的焦虑、恐惧、内疚、抑郁、孤独等感觉，从而出现以下情绪感受：

★紧张、焦虑、害怕、担忧。

★自卑，对自己感到失望。

★悲伤、消沉，觉得自己无能为力。

社交恐惧症患者的这四方面表现是互相影响、互相作用的，并没有先后之分。这些都只是社交恐惧症患者通常会出现的一些想法、行为和情绪，并不是他们的全部感受。

小知识

很多社交恐惧症患者都认识到自己的恐惧感是不合理的、过度的，但这往往会让他们感到更焦虑。因为他们会把自己的这种恐惧感归结为自己能力不足，从而变得更自卑。

身为社交恐惧症患者是一种怎样的体验

节前导读

对社交恐惧症患者来说，惊喜等于惊吓。他们虽然知道不应该害怕，但就是无法缓解这种情绪，而这种痛苦又经常不被他人理解，真正的有苦无处倾诉。

如果你不喜欢某家店铺的衣服，你是不是会离开这个店铺呢？如果你觉得饭桌上的麻辣小龙虾太辣了，你是不是会尽量选一些不那么辣的食物吃？对于社交恐惧症患者来说，社交就像是某家店铺、麻辣小龙虾，他们会尽量避免参与其中，或者会尽量找到自己的安全区，让自己在社交场合不至于那么行为失常。

人不能脱离社会而独自存在，每个人都要与他人接触和交往，而社交恐惧症患者在接触他人时会表现出强烈的不安情绪，甚至会出现面红耳赤、心跳加速等生理症状。那么在平时，社交恐惧症患者会如何面对社交呢？

戚妙是一个很容易脸红的人，为了不让他人发现，她养成了用头发遮挡自己面部的习惯。

在与人接触的过程中，一旦她感到不舒服，便会用头发盖住自己的脸，不看他人的目光。尽管如此，她还是十分在意自己的脸红情况，担心他人的反应。她总是在想：他们是不是发现我脸红了？他们在看什么？他们在想什么呢？是不是在心里笑话我呢？

这种想法持续的时间越长，戚妙就越感到焦虑，越想逃离这种场合，于是便不自觉地往后退。此时，人们为了使交流更顺畅，便会更加接近她。而人们的这种行为让她越发紧张，觉得人们都在看自己，看到了自己的困窘模样。结果情况越来越糟糕。

在日常生活中，很多社交恐惧症患者都会尽可能地避免与朋友见面或者参加一些较为正式的活动。如果无法避免，他们会采取一些行为让自己产生安全感。比如：不断在内心演练自己的说话内容，在心里一遍又一遍地检查这些话是否正确；紧紧地抓住一些东西，遮挡自己身体的某些部位；为了掩盖脸红的症状，故意化浓妆或者一直低头；参加活动时故意迟到或早退，以避免跟他人寒暄等。

对于社交恐惧症患者来说，由于无法预测他人会做出什么“出格”的事情，如询问自己的看法，将自己介绍给其他人或者将其他人介绍给自己，朋友将自己丢下而去跟别人攀谈，等等，因此，他们会为这些不可预测的事情感到担忧，将自己置于恐惧的境地。而那些所谓的“安全行为”可以让自己更有安全感。

当然，也有一些社交恐惧症患者会直面恐惧，他们会刻意组织或参加一些社交活动。比如，如果你发现你的朋友对组织社交活动很热心，但是在活动中却表现得有些冷漠，那他很可能是社交恐惧症患者中的一员。请你多鼓励他，比如，夸奖他这个活动办得好，说他某方面表现得优秀，等等，让他多一些自信，帮助他战胜社交恐惧，不要让他因为一次意外状况或者他人的不良评价而失去战胜社交恐惧的信心。

如果你是社交恐惧症患者中的一员，那不妨找一个值得信任的朋友或家人，让他们帮助你战胜心中的恐惧。

小知识

每一次社交经历对社交恐惧症患者来说都是一次挑战，而对这种经历的负面评价与预期又会影响他们下一次的社交活动，并由此形成恶性循环，导致他们难以走出社交困境。

社交恐惧症的高发人群

节前导读

自卑者、高度敏感者、完美主义者与内向者是社交恐惧症的高发人群。如果你占了其中的一项或多项，那么从现在开始，一点一点地改善自己的社交状况吧。

一提起社交恐惧症，很多人都会联想到社交中的尴尬局面，然后宣称自己是社交恐惧症患者。这也给了人们一个认识误区——只有社交不顺利的人才会患上社交恐惧症，而有上进心、追求完美、性格外向的人则不会患上社交恐惧症。一般来说，社交恐惧症的病发时间在童年和青少年晚期。那么，什么样的人容易被社交恐惧症盯上呢？主要有如下四种。

1. 自卑、自我评价低的人

自卑、对自己评价很低的人在与人交往时会表现得不自信，于是在社交活动中便会很紧张、焦虑，甚至连正常的交流都做不到。

而这种紧张的情绪又会使他们对自己的评价过低，觉得他人瞧不起自己，于是他们在社交中担心自己的一言一行会引起别人的反感，内心便十分害怕社交，慢慢地，就会滋生社交恐惧症。

2．高度敏感者

敏感的人往往具有很强的创造性和想象力。在社交活动中，敏感者会很容易察觉他人的情绪变化，可以从别人的眼光、表情中看出他人对自己的态度和意见。

但若敏感者在社交中过于注重对方的想法和表情变化，总是揣测他人内心的想法，便很可能因为敏感，过分放大事情不好的一面，将对方很正常的一个反应看作是对自己的否定，那么在与人相处时他们也会带着紧张不安的情绪，最后患上社交恐惧症。

3．完美主义者

完美主义者的典型特征是对自己的要求极高，希望自己能表现得十全十美，在各个方面都能得到别人的夸赞。但我们都知道“金无足赤，人无完人”，这就使得他们不可避免地经历失败。而这些失败在他们眼中就是“不完美”的象征，会带给他们极大的挫败感。

于是，在追求完美与内心挫败的相互冲击下，完美主义者很容易否定自己，变得自怨自艾。如果经历多次挫败，他们甚至会将自己封闭起来，排斥社交活动，最终变得害怕与人交流。

4．内向者

虽然内向与社交恐惧症有着本质的区别，但是不可否认，在现实生活中，内向者往往更容易陷入社交恐惧中。

一方面，内向者喜欢安静，喜欢独处，虽然他们并不害怕与人相处，但是在多数情况下，他们都不太喜欢与人接触，主动将自己隔离起来，这就为社交恐惧的产生提供了机会。

另一方面，很多内向者在受到一些刺激后会变得十分焦虑，这种情绪又很难平静下来，于是导致他们很难与他人正常地交流，这种困窘的感觉便会让内向者逐渐害怕社交。

我们每个人都离不开社交，不论是在家庭、职场，还是在面见陌生人时，社交都是不可避免的。如果你恰好属于社交恐惧症的高发人群，不妨从现在开始，一点一点地融入社交活动中，让社交恐惧症远离你；如果你已经有了社交恐惧的表现，那就寻求信任的人的帮助吧，相信他们会带你逃出社交恐惧的魔爪。

小知识

社交恐惧症的症状对每个人来说都有所不同，也会随时间和地点而发生变化。公众人物也可能患有社交恐惧症，在表演的过程中，他们可能会把自己的恐惧藏于所饰演的角色之中，这也就是他们的安全行为。

延伸阅读　社交恐惧症有多普遍

节前导读

在全世界，社交恐惧症呈逐年增加的趋势，甚至有些社交恐惧症患者仍然将自己的社交恐惧误认作害羞与内向。

社交恐惧症已经成了仅次于抑郁和酗酒的第三大心理疾病。社交恐惧症是十分普遍的，只是有些人并没有正确地认识自己的社交恐惧症，也没有寻求专业的治疗与帮助。

“我不想参与社交，我太害羞了。”“社交会让我不自在，让我感到难受，我就是这么内向的一个人。”“在社交活动中，我总觉得有人在嘲笑我，我这到底是社交恐惧还是害羞呢？”如果你也有这样的想法或疑惑，那么，你可能有社交恐惧症的倾向。

不论你是性格内向、害羞，还是有社交障碍，请正视自己的情况，及时寻求帮助吧。要知道，很多社交恐惧症患者都会忽视自己的状况，将其认为是害羞或性格内向，而给自己的生活带来影响。

著名的心理学家菲利普·津巴多和他的同事在调查中发现，超过80%的人经历过害羞，正在体验害羞，甚至经常感到害羞。有40%的人认为自己现在是害羞的，有40%的人认为自己以前比较害羞，还有15%的人认为自己在某些社交情境中会感到害羞，而只有5%的人认为自己从不害羞。而这些人所说的“害羞”很可能属于轻度的社交恐惧。

虽然社交恐惧症会带来很多痛苦和麻烦，但它并不是不能克服的。而且，在治疗之后，社交恐惧症的复发概率也较低。所以，只要保持耐心，虽然治疗的过程有些煎熬，但是在治愈之后，你就能彻底地摆脱这种痛苦，不再受到社交恐惧的困扰。

小知识

社交恐惧症患者对社交的恐惧程度并不相同，有些人可以控制自己的社交恐惧，而有些人则会被这种恐惧打倒。

第2章

因人而异，社交恐惧症的行为与表现

你好

有的人在他人面前一说话就脸红，

有的人在与人交流时不敢与对方有目光接触，

不要有心理压力

有的人总是担心自己的面部表情不自然，

我们一起

有的人当众讲话时就口舌打结，

有的人害怕与异性交往，有的人不敢与权威人士打交道……

嗨

这些都是社交恐惧症的表现。

按照社交恐惧症患者的不同行为与表现方式，

放轻松

很高兴认识你

社交恐惧症可以分为赤面恐惧、

视线恐惧、表情恐惧、

口吃恐惧、异性恐惧和权威恐惧等多种类型。

大家好

加油

心理小测试 测测你对交流的恐惧程度

你害怕与人交流吗？在进行小组讨论时，你会感到紧张不安吗？在会议上发言时，你会感到害怕吗？在公共场合演讲时，你的身体会变得僵硬吗？

很多人对交流都存在某种程度的恐惧，通过下面这个小测试，你可以检测自己对交流的恐惧程度。

测试内容

本测试有24道题目，共分为4个部分，即小组交流、会议交流、二人交流及公众交流。有些题目看起来十分相似，但是没关系，认真阅读题目，然后尽量按照第一印象并根据实际情况，在每道题目前的括号内填上你的答案。

A=非常同意，B=同意，C=不确定，D=不同意，E=非常不同意。

第一部分：小组交流

（ ）1. 我不喜欢参加小组讨论。

（ ）2. 我在参加小组讨论时感到轻松自然。

（ ）3. 我在参加小组讨论时感到紧张不安。

（ ）4. 我喜欢参加小组讨论。

（ ）5. 与陌生人一起参加小组讨论使我紧张。

（ ）6. 我参加小组讨论时平静和放松。

第二部分：会议交流

（ ）7. 我在参加会议时通常会感到紧张。

（ ）8. 我在参加会议时通常感到平静和放松。

（ ）9. 在会议中被要求陈述自己的观点时，我感到非常平静和放松。

（ ）10. 我害怕在会上表达自己的意见。

（ ）11. 在会议中的交往常使我不自然。

（ ）12. 在会议中回答问题时，我非常放松。

第三部分：二人交流

（ ）13. 同新认识的人谈话时，我感到非常不安。

（ ）14. 在交谈中，我说话时一点儿都不害怕。

（ ）15. 通常我在交谈中会非常紧张不安。

（ ）16. 通常我在交谈中非常平静和放松。

( ) 17. 在同新认识的人交谈时，我感到十分放松。

( ) 18. 在交谈中我害怕说话。

第四部分：公众交流

( ) 19. 我对演说一点儿也不害怕。

( ) 20. 我在演说时，身体的某些部分非常紧张和僵硬。

( ) 21. 我在演说时感到放松。

( ) 22. 我在演说时思维变得混乱和不连贯。

( ) 23. 我在演说时充满信心。

( ) 24. 我在演说时太紧张，以至于把自己知道的事情都忘记了。

计分方法

A=1分，B=2分，C=3分，D=4分，E=5分。

4个测试部分，每个部分6道测试题，计分方法如下：

小组交流得分=18−第1题得分+第2题得分−第3题得分+第4题得分−第5题得分+第6题得分

会议交流得分 =18− 第 7 题得分 + 第 8 题得分 + 第 9 题得分 − 第 10 题得分 − 第 11 题得分 + 第 12 题得分

二人交流得分 =18− 第 13 题得分 + 第 14 题得分 − 第 15 题得分 + 第 16 题得分 + 第 17 题得分 − 第 18 题得分

公众交流得分 = 18 + 第 19 题得分 − 第 20 题得分 + 第 21 题得

分 − 第 22 题得分 + 第 23 题得分 − 第 24 题得分

总分 = 小组交流得分 + 会议交流得分 + 二人交流得分 + 公众交流得分

测试结果

24~52分：被测试者属于轻度交流恐惧。

53~78分：被测试者属于中度交流恐惧。

79分及以上：被测试者属于重度交流恐惧。

赤面恐惧：控制不住地心慌、脸红

节前导读

赤面恐惧症患者害怕脸变红。他们只要一想到自己脸红了，紧张焦虑的情绪会更强烈，也会将自己关注的焦点转移到脸红这件事上，于是他们的不适感就会增加，脸也会变得更红。

有人跟你说话时，你会因为害羞而脸红吗？当众发言时，你会因为紧张而面红耳赤吗？当你脸红心慌时，你会产生什么样的想法呢？是认为这种反应是正常的，还是认为别人都在看你脸上的红晕，内心在嘲笑你呢？

我们每个人都会因为害羞或者不好意思而脸红，这是很正常的现象。但是对于赤面恐惧症患者来说，脸红是一件十分羞耻的事情，他们会觉得很丢脸，会感到十分焦虑。

田珍总会因为一些看起来无关紧要的小事脸红。在办公室里，有人跟田珍说话时，她的脸就会霎时变红；在公交车上，有人对着田珍微笑时，她的脸也会变红，让对方很尴尬；在朋友聚会上，只要有人提到田珍的名字，她就会条件反射般地变成“大红脸”；在别人目光的注视下，田珍的脸红程度更会逐渐升级。

如果有人拿这件事来打趣，说“田珍的脸变红了”，她脸红的情况不仅不会缓解，反而还会越发严重。

田珍的症状就是典型的赤面恐惧症。赤面恐惧症也叫“脸红恐惧症”，其主要表现为在社交场合无法自控地脸红，如果当事人想要控制自己的脸红反应，脸反而会越来越红，引起身边人的注意，久而久之，赤面恐惧症患者便会害怕出现在他人面前。

不知道你有没有这样的体会：在聚会上，你做了一件不太好的事情，觉得别人肯定都看到了，可实际上并没有几个人看到你做了什么，只是你觉得大家的目光都停留在你身上。其实并非如此。

赤面恐惧症患者也都会产生这样的想法：我脸红一定被别人看出来了，这太丢人了，人家会怎么看我啊！他们一定会认为我很软弱无能，肯定会因此轻视我，说不定他们现在就在心里嘲笑我呢！不行，我要控制住自己，不能脸红，不能让别人看出来，我要控制住！结果，他们越想控制，脸就越红。

其实，赤面恐惧症患者所忧虑的是他们的烦恼被他人看穿，担心他人会对自己有负面的评价。所以，为了避免“脸红魔鬼”的突然袭击，他们便一直保持警惕，而这种过度的关注就将“脸红”

当成了内心的一个焦点，使自己难以放松，反而会诱发脸红症状的出现。

脸红虽然不是什么大事，但是对于赤面恐惧症患者来说，脸红会让他们的内心十分纠结，痛苦不堪。有些人为了掩盖自己的脸红，会运用一些方法。比如：随身携带手帕，脸红时就假装打喷嚏，用手帕遮住；留长头发，遮住自己的脸；化浓妆，为脸红做好准备；等等。

其实，要战胜自己的赤面恐惧症，就要正确地看待脸红这件事，不要带着偏见来看待它，而应该觉得这没有什么大不了的，只是社交时的正常反应而已。脸红并不是你的缺点，也不是不可饶恕的过错。

小知识

赤面恐惧症是一种兼具社交恐惧症和强迫症的心理障碍，这往往与当事人的敏感性格相关。赤面恐惧症患者的内心就像住了两个个性不同、互不相让的人物：一个羞怯懦弱，另一个则强迫自己去改变。这种内心的矛盾使他们生活得十分辛苦。

视线恐惧：惊恐的目光无处安放

节前导读

“眼睛害怕看人”是视线恐惧症患者的主要表现。与人目光接触会让视线恐惧症患者感到极度尴尬，甚至紧张。为了不再体验这种视线接触带来的恐惧感，他们往往会主动选择不看对方，如在交谈时低头，更有甚者会直接选择不参与社交活动。

视线恐惧症，顾名思义，也就是某类人对视线有着强烈的恐惧感，他们无法控制自己的目光，也不愿意被他人注视，成为他人眼中的焦点。在社交活动中，视线恐惧症患者不敢正视对方，一旦与对方的视线有交集就会感到难受，瞬间收回自己的目光。还有的视线恐惧症患者担心自己的目光会给他人带来困扰，令他人感到不安。

按照视线恐惧症的不同表现，可以将其分成以下三类。

1. 对视恐惧

即在与人交流的过程中，不敢与他人对视，觉得自己时刻都在被他人关注或议论。一旦与人对视，这类人便会感到十分尴尬、无所适从，甚至会出现大脑空白、呼吸困难等过激反应。为了避免这种状况，对视恐惧症患者在与人交流时，基本不看对方，目光游离，飘忽不定，好像有什么见不得人的想法，表现得躲躲闪闪。

对视恐惧症患者有这种表现主要有两方面的原因：一方面，他们担心自己的眼神对他人来说是一种冒犯和挑衅，于是不敢与人对视；另一方面，他们总是过度地解读他人的眼神流露出的想法、情绪，而且这种解读往往是负面的、消极的，于是，在他人并无异样的目光中，他们也会觉得紧张，觉得别人看自己的目光是充满敌意的。

在这种想法的刺激下，对视恐惧症患者甚至可能做出伤害自己眼睛的行为。

2. 余光恐惧

即目光总是被周围的事物吸引，无法将注意力集中到正在做的事情上，无法自控地关注本不该关注的事物，无法移动自己的视线，由于患者对自己的目光十分关注，而使自己无法与人正常交往。

比如：在上课时，余光看到周围的同学，就被他人吸引过去，而无法集中注意力听课；在与人聊天时，虽然看着对方，但眼睛的余光总是看着别人，注意力也在别人身上；读书时，眼睛的余光总会被书旁边的物体吸引，如手边的笔、笔筒等。

患者的这种行为给自己带来了很多困扰，但越想摆脱就越紧张焦虑，反而深陷其中。

3. 目光失控恐惧

即眼睛总是控制不住地到处乱看，看到别人时又觉得他人投来的是厌恶自己的目光，于是便不知将目光投放到何处，以致注意力难以集中，出现目光僵直、摇头晃脑等行为。

被他人直勾勾地盯着看，我们都会感到不舒服，有这种感觉是很正常的。但若是正常的目光接触，我们就不必过于在意。而视线恐惧症患者正是对这些目光过于看重，总是进行错误的解读，以致自己的焦虑情绪更甚，在社交中的表现与自己的预期相差甚远。

在平时，视线恐惧症患者可以对着镜子看着自己的眼睛，训练自己的目光，通过训练让自己的目光变得更好，从而缓解视线恐惧症患者的消极心理，提升自己目光的自信，为进行良好的社交做足准备。

小知识

有一类余光恐惧症患者会控制不住地盯着对方的敏感部位，如胸部、裆部等。这类人担心对方会对自己的这种行为有所误解，内心便会特别紧张，想要逃离这种状况。而在自我挣扎中，这种症状反而会得到强化，导致他们不敢出门，无法参与正常的社交。

表情恐惧：担心自己的面部表情不自然

节前导读

表情恐惧症患者由于害怕自己的面部表情不自然，在与人交往时异常紧张，表情僵硬。

我们常说面部表情是我们内心想法的投射，有什么样的想法就会出现什么样的面部表情。但是有这么一群人，他们在与人交往时无法很好地控制自己的表情，对自己的表情不满意，甚至会在该严肃的时候哈哈大笑，在该笑的时候却面部抽搐、颤抖。由于担心自己的面部表情不自然，因而变得恐慌，畏惧与人交往，他们就是表情恐惧症患者。

甄丽是一名大三的学生，她因为表情僵硬不自然，处理不好人际关系而感到苦恼。

甄丽上小学和初中时，都过得很快乐，有几个好朋友一起上学，成绩也还不错。而且，初中时她还当上了班级的团支书，很受老师器重，班里的同学也都喜欢跟她一起玩。

高中的时候，甄丽成绩一般。班干部竞选时，甄丽也参加了，但是只得到了五票，这对她打击很大。有时候，她见到同学们聚在一起聊天，就觉得他们是在嘲笑自己。

后来，甄丽每天都担心别人不喜欢自己，害怕当众出丑，经常感觉自己的表情不自然。上了大学之后，她依然无法融入集体生活中，总感觉自己的表情僵硬，让别人反感。有时候笑起来，脸部会有轻微的颤抖，她也因此越发在意自己的面部表情，不敢和同学走得太近，人际关系变得越来越差。

甄丽的这种表现就是表情恐惧症的典型行为，因为担心自己的面部表情不自然而影响了自己的社交活动。

有些表情恐惧症患者无法管理好自己的表情，便会在与人交往时毫无征兆地出现一些令人感到尴尬、哭笑不得的表情；有些表情恐惧症患者由于担心自己的表情不合适而变得紧张，然后就逐渐演变成了表情僵硬，使社交氛围变得紧张起来。

表情恐惧症是社交恐惧症的一种。表情恐惧症患者主要有以下几种担忧：

★担心自己的面部表情不够自然，不够恰当。

★担心他人看到自己的表情后会受到影响，给他人带来不适，比如自己黑着脸时会让他人感到害怕，表情严肃时会引起对方的反感等。

*过于关注自己的表情，觉得自己的某些面部表情会引起别人的反感，被人看不起，担心别人对自己的评价较差。

有些表情恐惧症患者的表情并没有引起他人的不适，但是他们却认为自己的表情是令人不舒服的，并将这种想法投射到他人身上，将自己置身于紧张的境地，甚至会想要通过整容或者其他方式来改变自己的面部表情。其实，对自己多一分自信，对他人少一分揣度，表情恐惧症患者的生活就会好很多。

小知识

面部表情可以传达我们内心的喜怒哀乐，表情恐惧症患者担忧自己的面部表情会引起他人的不适，并将这种担忧与不满投射到他人对自己的态度上，从而增加了自己的心理压力。

口吃恐惧：当众讲话就口舌打结

节前导读

口吃恐惧症患者不仅害怕社交对象、社交环境等，还害怕口吃。而他们对口吃的恐惧程度与社交对象、社交环境等密切相关。因此可以说，这些因素共同诱发了口吃恐惧症。

跟陌生人聊天时，你会出现口吃吗？跟同事闲聊时，你会前言不搭后语吗？跟领导或者异性交谈，你会犯口吃吗？

口吃恐惧症是一种特殊的社交恐惧症，其特殊之处在于，它并不是由单纯地害怕某些事物引起的，而是由害怕口吃和害怕社交对象、社交环境等因素共同作用引起的。

比如：有些人在亲人、朋友面前不会出现口吃，但是在与陌生人、领导和异性等交谈时会口吃；有些人在谈论自己感兴趣的事情时往往会滔滔不绝，但是在面对一些陌生的话题时，就会支支吾吾；有些人不仅不能在他人面前愉快地交谈，甚至在他人面前打电话、在他人的注视下工作等也会感到极度紧张、焦虑，从而出现口吃的状况。这些容易引发口吃的社交场合会让他们形成条件反射，不由自主地变得口吃。

口吃恐惧症患者害怕口吃，对自己口吃的行为耿耿于怀。当他们口吃时，心里就会十分紧张、慌乱，觉得别人也很在意自己的口吃，因而无法顺利地将一句话说完，甚至因此抗拒社交。

乐旭是一个对自己要求十分严格的人，他不允许自己犯错，也不接受别人超过自己。无论什么时候，他都要争第一。

在一次数学课上，老师提问乐旭，乐旭在课堂上回答得不是很顺畅，这就使他发现了自己有口吃的毛病，于是他极力压制，想要掩饰。但是他越是担心、害怕，出现口吃的次数就越多，口吃就越严重。

后来，乐旭就极力避免在课堂上回答问题，在平时也避免与人接触，以免被他人发现自己有口吃。就这样，口吃一直困扰着他的学习和生活。

口吃并不是什么大问题，但是很多口吃恐惧症患者都会认为自己出现口吃是十分丢人的事，并将自己看成是一个有缺陷的人，因此很苦恼，回避社交。

其实，口吃恐惧症患者的主要心理特征就是“怕”，他们怕自己的表现不尽如人意，怕他人的负面评价。对他们来说，与人交谈时可以顺利地表达自己的想法与感受才是最重要的，一旦自己的行为被口吃打断，那么这种挫败感就会令他们陷入自我否定中，使口吃的症状更严重。

所以，要想克服这一点，终止这个恶性循环，口吃恐惧症患者就要从心理上改变自己的认知，不要一遇口吃就神色大变。偶尔学一点“阿Q精神”，不放大自己的窘境，才能更好地适应社交活动，不再为害怕口吃而煎熬。

小知识

口吃恐惧症患者并不一定就是患有口吃的人。真正患有口吃的人在说话时总是重复字或者说话磕磕绊绊的，难以连贯地说出完整的话；但是口吃恐惧症患者在独自朗读或者进行一些个人活动时，大多不会出现任何口吃的症状，只有在与人交流时，他们才会出现发音障碍。

异性恐惧：与异性相处感到压力很大

节前导读

异性恐惧症患者不敢与异性有目光接触，更不敢与异性交谈。他们在与异性交谈时会面红耳赤、吐字不清，甚至一看见异性向自己走来，就会紧张得全身流汗，与异性相处时更会感到压力很大。

异性恐惧症是一种特殊的社交恐惧症，其主要是指患者在潜意识里有与异性接近的强烈愿望，但也对此有着严重的焦虑情绪，于是在异性面前感到异常紧张和恐惧，有的甚至出现异性关系妄想等心理症状。比如，美剧《生活大爆炸》中的拉吉在同性朋友面前表现得很正常，说话也没问题，但是在面对异性时就说不出话，在与异性约会时，经常幻想与对方结婚后的场景。

你在异性面前是否也无话可说呢？当与异性接触时，你是否十分紧张，甚至回避这些场合呢？如果你怀疑自己也有异性恐惧症，那么你可以通过以下描述来自测一下。

★和异性交往时会十分紧张，当异性主动与你交往时，你会因掩饰自己的紧张而拒绝与其交往。

★在与异性交往时，你往往不知道将手放哪里，不知道眼睛要朝哪儿看，会很在意自己的形象。

★当异性盯着你时，你会感到很害怕，甚至会因此生气。

★当和异性共处时，你的大脑会强迫自己产生某些古怪的想法，如对方喜欢自己、对方讨厌自己，甚至幻想与对方结婚、生子。

★常常害怕异性会对自己做些什么，极度没有安全感。

★即使异性只是站在你身边，你也会不知所措，难以集中注意力。

★会出现脸红、口干舌燥、出汗、抖动等症状。

★在爱情、婚姻方面被异性伤害过，因而现在对异性的感觉就是不信任和没兴趣。

如果你符合其中两条及以上，那就说明你是典型的异性恐惧症患者。不过不用担心，异性恐惧症主要是一种心理障碍，只要克服了心理方面的难关，你还是可以与异性正常交往的。

通常，异性恐惧症的产生有多方面的因素。

个人方面。接触异性少，与异性交往时受到过伤害等都会引起个人对异性的恐慌，使其无法与异性进行正常的接触。

家庭教育方面。有些家长对性问题的认识太过片面，使孩子无法接受正面的教育，因而会对异性产生困惑，尤其是在青春期时，他们与异性的交往行为会因此受到影响，进而会形成心理障碍。

外在环境方面。人们总是习惯戴着有色眼镜去看主动与异性接触的人。比如，青春期异性之间的交往可能会被当成早恋。这种负面的反馈使得人们在与异性接触时会感到不安，排斥与异性接触。

如果你患有异性恐惧症，不妨试着增加与异性接触的机会，不要将异性看作洪水猛兽，帮助自己战胜心理障碍，走出对异性交往的恐惧。

小知识

异性恐惧症多发于14～17岁的青少年身上。处于青春期的孩子在潜意识中会对异性产生好感，一旦他们在情感上受挫，和异性交流就会变得害羞、紧张，甚至产生逃避和恐惧心理。

权威恐惧：不敢与权威人士打交道

节前导读

权威恐惧症患者大多担心自己无法取得权威人士的信任与支持，担心自己无法获得他们的良好评价，于是他们对权威人士充满敬畏，不敢与权威人士打交道，甚至经常回避与权威人士相处。

与朋友在一起时感到很自在，但与父母在一起就感到紧张，常常无话可说；与同事在一起时可以侃侃而谈，但与领导在一起时就忐忑不安，心里十分慌张；与同学在一起时玩得很欢乐，连学习都变得十分有趣，但不敢直视老师的眼睛……你是不是也有类似的经历呢？

一般来说，很多人都会敬畏父母、领导、老师等权威人士，但是如果你对这些权威人士采取回避的应对策略，在与他们打交道时总是很紧张、恐惧，那你很可能是患上了权威恐惧症。

所谓权威恐惧症，指的是对具有管理权和批评权的人产生恐惧。在与权威人士相处时，权威恐惧症患者大多会采取回避的方式；如果无法回避，大多数人会表现得十分慌张，如说不出话、不敢直视对方的眼睛、思维混乱、满头大汗等。

洪谣对领导的恐惧比正常人更强烈。洪谣一直都比较内向，与人交往时大多会有些紧张。但令她最为难的还是与领导相处。当领导与她讨论工作时，她会害怕得浑身发抖。领导对此很不满意。洪谣也知道不应该这样，但她似乎很难控制自己。

平时洪谣跟同事相处得很和谐，偶尔也会与某些同事下班后一起吃饭。但是一与领导相处，洪谣就十分紧张。每次领导找洪谣谈话，即使只是安排一些简单的工作，她也会异常紧张，甚至心慌气短、思维混乱等。

有一次，洪谣向领导汇报工作，她脑子里一片空白，自己都不知道说的是什么。领导很生气，说她语无伦次，工作不认真。洪谣也很懊恼，她甚至想过辞职。但是在新的公司，她还是会遇到同样的问题，毕竟这已经是她任职的第四家公司了。

很多人都对领导有敬畏心理，这种心理是正常的，可以让自己在工作中更积极、更活跃，但是洪谣这种害怕领导的症状就有点严重了，属于权威恐惧症的典型表现。即使她知道这种害怕没有必要，但是控制不住自己。从心理学的角度来说，这是因为她太在意领导对自己的评价了，担心领导对自己的表现不满意，害怕自己给领导留下不好的印象。

有人觉得只有不认真工作、工作能力差的人才惧怕领导，而工作能力强的人不会害怕领导。其实并非如此。无论工作能力强弱，人们都可能会害怕领导。

还有人觉得领导之所以令人害怕，是因为他们太严厉了。但这并非本质原因。也就是说，即使是在十分和蔼、易于相处的领导面前，很多人还是会出现权威恐惧症。

因此，要想解决权威恐惧症，除了要与权威人士多交流之外，还需要正确地认识自己，接受自己，不要将权威人士的评价当作自己的全部。权威恐惧症患者要认识到：即使在领导、老师或者父母面前，自己的表现并不是太好，遭到了他们的批评，这也并不是什么大事，只要自己接下来能做得更好，改正以往的不足，就足够了。

小知识

心理学研究表明，严厉的父母会使子女对权威产生恐惧感，从而使其对权威采取回避的应对策略。可以说，很多权威恐惧症患者是在家教严厉的环境中长大的。

延伸阅读 社交恐惧症的其他分类

节前导读

社交恐惧症可以分为一般社交恐惧症与特殊社交恐惧症两类。这两类患者的症状表现是类似的，本质区别就在于恐惧对象是否具有特殊性。

社交恐惧症患者害怕的社交情境和行为表现都是因人而异的。有些人只是害怕单个社交情境，而有些人可能会在所有的社交情境中都感到焦虑；有些人可能只出现赤面或口吃等单一的恐惧症状，而有些人可能会出现多种症状。

在前面的内容中，我们已经按照社交恐惧症患者的不同行为与表现方式，对社交恐惧症进行了分类介绍。除了这种分类方式，按照恐惧对象是否具有特殊性，还可以将社交恐惧症分为一般社交恐惧症与特殊社交恐惧症两类。

1. 一般社交恐惧症

即在任何场所、任何情境中，患者都担心自己会成为别人关注的焦点，觉得自己时刻都被他人关注着。因此，他们害怕在公共场所走动、用餐，害怕与陌生人相处，更不敢与他人发生争论。一般社交恐惧症患者会回避去商场、超市、广场等公共场所。

2. 特殊社交恐惧症

即患者对某些特定的场合或情境感到恐慌，并非所有的场合和情境都能引起他们的恐惧。

比如，有些特殊社交恐惧症患者只害怕当众演讲。在演讲前他们会感到极度恐慌；随着演讲的进行，恐慌逐渐加剧，即使演讲结束，他们还是无法从这种恐慌中走出来，久久无法平静，而且，这种恐慌感往往还会转化成羞耻感。但是在其他社交场合，他们不会表现异常，也不会感到恐慌甚至逃避。

不论是一般社交恐惧症，还是特殊社交恐惧症，两类患者都有着类似的症状，在面对令自己恐惧的社交场合时，他们大多会出现口干舌燥、心跳剧烈、尿急、出汗等症状。而当患者意识到自己出现了这些恐惧行为后，他们就会立即变得恐慌，难以保持平静，从而使自己的社交活动受到更大的影响，并在之后的社交中表现出明显的回避行为。

小知识

在日常生活中，一般社交恐惧症比特殊社交恐惧症对患者的影响和阻碍更大。患者的社交恐惧症不仅会影响个人的生活和工作，还会对精神层面产生不良的影响。

第3章

恐惧从何而来：社交恐惧症患者的心理诱因

你好

为什么会出现社交恐惧呢？

或者说，社交恐惧是怎么来的？

不要有心理压力

我们一起

相信很多人对此都存在疑问。

其实，社交恐惧症的出现是多种因素共同作用的结果，

可能是大脑中的某些物质含量失衡，

嗨

也可能是个人的过度警觉或者是完美主义的心理，

还可能是受到家庭环境、社会环境等的影响。

很高兴认识你

放轻松

不论是哪种因素引发的社交恐惧症，

其根源在于一个“怕”字。

因此，只有了解社交恐惧症患者内心的“怕”，

大家好

才能帮助他们走出社交恐惧的阴影。

加油

心理小测试 测测你在社交中的敏感程度

你是一个敏感的人吗？当你在社交中看到他人不太高兴的表情时，你会有什么想法，又会怎么做呢？其实，敏感在社交中有好的一面，也有不好的一面。它虽然可以帮助你识别他人的情绪，了解他人的真实想法，但会令你过度揣测他人的内心，放大自己的不安情绪。想知道自己的敏感程度吗？那就来测一测吧！

测试内容

本测试共20道题，每道题目均有5个选项，请认真阅读下面的每道题目，并根据自己的实际情况在每道题目前的括号内填上你的答案。

A=完全不符，B=较为不符，C=基本符合，D=较为符合，E=非常符合。

( ) 1. 跟大多数人比起来，我会花更多精力预测可能出现的问题，并采取预防措施。

( ) 2. 我觉得偶尔吵架能让人神清气爽。

（ ）3. 如果我受到了过度刺激，就想一个人待着。

（ ）4. 在大多数情况下，不管身边发生了什么事，我都会精力充沛，心情愉快。

（ ）5. 我很容易良心不安。

（ ）6. 人际交往不会让我感到疲惫。如果交往气氛很好，我可以从早到晚都跟人交际，不需要独处或休息。

（ ）7. 不会对大多数人造成困扰的光线、气味、声音，都会让我感到心烦。

（ ）8. 不管遇到什么事，我都能顺其自然，很少忧心忡忡。

（ ）9. 如果我觉得太热或者太冷，就无法置之不理，必须调节温度或者换个地方待着。

（ ）10. 我喜欢毫无准备地投身新体验。

（ ）11. 我不喜欢闲聊，喜欢有深度、有意义的私密交谈。

（ ）12. 我喜欢顶着压力工作。

（ ）13. 如果我在某人面前做了蠢事，惹对方生气了，我就会非常内疚，接下来的一段时间都会深受影响。

（ ）14. 我认为表现不好的人只能怪自己。

（ ）15. 看见别人在恶劣的环境下工作，我会感到十分难过。

（ ）16. 我晚上睡得又沉又香，不容易受光线或噪音的干扰。

（ ）17. 我很容易灵光乍现，冒出许多好点子。

（ ）18. 我觉得没必要管别人怎么对待自己的宠物，那是他们的事，不关我的事。

( ) 19. 我喜欢被静谧的大自然包围。

( ) 20. 我几乎什么都吃，从不挑三拣四。

计分方法

A=0分，B=1分，C=2分，D=3分，E=4分。

序号为奇数的题目为第1组，序号为偶数的题目为第2组。第1组的总分减去第2组的总分即为最终得分，即你的敏感程度得分。得分越高，代表越敏感。

测试结果

得分接近40分，说明你可能属于高度敏感型。

得分接近0分，说明你可能属于轻度敏感型。

得分接近-40分，说明你可能属于普通敏感型。

大脑和神经传递会引发社交恐惧

节前导读

从生物化学的角度来说，大脑中的杏仁核过度活跃、人体的血清素含量失调等都会引发人们的恐惧、焦虑情绪，使其在社交活动中变得紧张兮兮、十分不安。

社交恐惧症是一种由生理、心理以及社会等因素共同作用引起的社交焦虑障碍。社交恐惧症患者害怕社交的原因不仅与家庭环境、社会环境有关，从生理角度来说，社交恐惧症还与大脑中的杏仁核和神经递质中的血清素有关。

1. 杏仁核过度活跃引发社交恐惧

在大脑防御系统的中心，有一个杏仁状的细胞群——杏仁核，是产生情绪、识别情绪和调节情绪的脑部组织，在负责处理情绪体验的边缘系统中发挥作用，素有“恐惧中枢”之称。

研究表明，人们在经历社交焦虑时，大脑中的杏仁核部位便会被调动起来，使人变得高度焦虑。

比如，在面对陌生人时，社交恐惧症患者由于担心自己会表现不好而变得十分紧张，甚至出现脸色发白、手脚发抖、心跳加速等症状，这便是杏仁核过度活跃的作用。

杏仁核就像一个反应器，能根据情绪的线索快速地做出判断，调动身体中的每一个系统对抗感知到的危险，但是它对情绪的识别并不是那么精准，有时在某些无须紧张、害怕的社交场景下，也会让我们感到十分焦虑、恐惧。

杏仁核过度活跃，使人体出现十分焦虑、恐惧的反应，是杏仁核接收到“压力”“紧张”等信息后，根据原本储藏的情感、情绪和潜意识的记忆所做出的直接反射。也就是说，这种反应与理性无关。

2. 血清素失调引发社交恐惧

血清素是快乐情绪的神经传导物质，在控制情绪，缓解焦虑，调节食欲和睡眠等方面具有一定的作用。

血清素可以纾解人们的压力，令人感到舒畅、轻松、自信、开朗等，给人带来愉悦感和幸福感。人体内血清素的含量过高或过低就会使人变得愤怒、抑郁、焦虑、恐惧、退缩、暴躁不安等。因此，保持人体的血清素含量正常十分重要。

血清素由色氨酸产生，很多食物中都含有这种物质。当血清素含量过低时，可以多吃色氨酸含量高的食物，如肉类、坚果、鸡蛋、香蕉、胡桃等可以提高血清素的水平，降低人的焦虑与恐惧反应。

总之，借助药物来降低杏仁核的活跃度，调节人体内血清素的含量，可以帮助人体放松，平复情绪，从而减轻因为社交而出现的恐惧症状。

小知识

当一个人愤怒得失去了理智时，不仅仅是受情绪方面的影响，很可能是因为他的大脑中负责理智的部分缺乏一种信号物质——血清素。血清素在控制愤怒情绪方面能起到一定的作用，缺少了血清素的帮助，大脑部位与愤怒相关的活动便很难得到控制。

过度警觉是触发恐惧发作的重要原因

节前导读

我们可以将社交恐惧症看成面对社交时出现的一种自我保护措施，即人们担心自己由于缺乏处理社交问题的能力或者担心自己会陷入社交困境之中而变得恐慌。而过度警觉会让人变得十分敏感、多疑、多虑，这更提高了恐惧发作的概率。

很多社交恐惧症患者都有这样的感受：越想放松，就越紧张；越关注自己的手抖，手就会越抖；越想要表现好、不出错，就越会出错。

其实，在社交活动中，适度的紧张有利于我们做好充足的准备，从而发挥最佳的水平；但是过度紧张不仅不利于我们的正常发挥，反而还容易发挥失常，将事情搞砸。

有项研究表明，个体智力活动的效率与其相应的焦虑水平之间呈倒“U”形曲线关系。

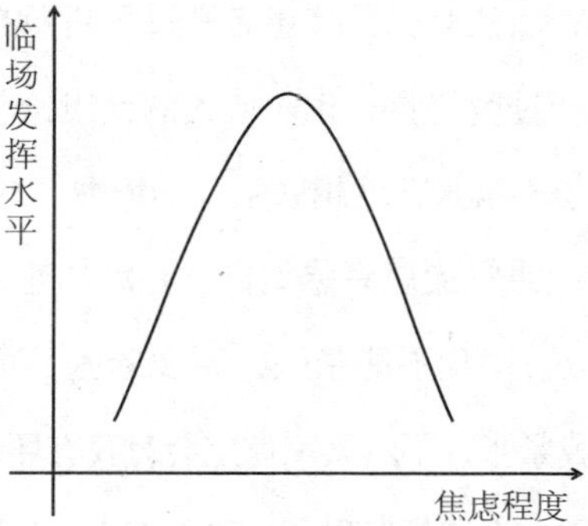

图3-1　临场发挥水平与焦虑程度的关系

在焦虑水平逐渐增加的初始阶段，焦虑对个人能力的发挥起到促进作用；当焦虑水平发展到中等程度时，个人能力发挥的水平最高；当焦虑水平超过了一定限度时，过多的焦虑又会给个人带来严重的心理负担，对个人能力的发挥起到阻碍作用，这就是我们常说的物极必反、过犹不及。

社交恐惧症患者处于过度焦虑的状态，在社交中的临场发挥水平受到影响，表现也令人不满意。造成这种情况的根本原因是社交恐惧症患者的顾虑太多，悲观推测太多，对自己与他人在社交中的表现总是进行消极的预测，对他人的反应过度警觉，从而使自己战战兢兢、如履薄冰，什么也不敢说，什么也不敢做。

其实，在与人交往的过程中，不仅社交恐惧症患者会感到紧张，出现口吃、脸红等反应，很多人都会出现类似的反应。但大多数人都会将其看成正常的反应，允许自己口吃、脸红，并不会因此受到太大的影响；而社交恐惧症患者则过于看重自己的这些反应，对自己出现的症状过度警觉，也对他人的反应给予了过度解读，因而便会陷入“越想不紧张，就越紧张”的怪圈。

比如，当社交恐惧症患者感觉自己心跳加速，并有些口吃时，他们心里的想法是：“我不能紧张，不要紧张，更不能口吃，一定不能被别人发现我紧张，不然人家肯定会对我有坏印象，那我就太丢人了……完了，别人肯定是发现了，我太丢人了！”其实，在一般人看来，这可能只是正常的反应，人们大多数时候并不会往心里去。

当社交恐惧症患者看到别人出现皱眉、眼神迷茫等反应时，他们大多会从自己身上找原因，觉得是自己说错了什么话，或者做错了什么事，于是他们便会变得心慌不安、神思不定。其实，这很可能只是他人的一个习惯性动作。

我们都知道黔驴技穷的故事：

黔地本来没有驴，有个人将一头驴带到了这个地方，放置在山脚下。老虎看到这个“怪物”，觉得它很厉害，便藏在树林里偷偷看它，逐渐小心地接近它。有一次，驴叫了一声，老虎以为驴要咬自己，便十分害怕地逃走了。后来，老虎又观察了驴许久，并故意激怒驴，才发现驴并没有什么本领。于是，老虎便大吼一声，将驴吃了个干净。

在这个故事中，老虎误以为驴很厉害，会吃掉自己，其实，这只是老虎自己心里的想法，也是它的恐惧来源。最后，老虎战胜了这种恐惧。而很多社交恐惧症患者会故意放大自己心中的负面想法，对自己和他人的反应过度警觉，从而触发了自己的社交恐惧，使自己无法消除社交的紧张感。

因此，不自己吓自己，不对自己和他人的反应过度警觉，直面自己的恐惧，反而会使恐惧心理得到缓解。

小知识

想象力是人类的瑰宝，但若是将想象力应用到了对社交的恐惧上，那就是自己吓自己了。

完美主义是导致社交恐惧的一大因素

节前导读

完美主义者与社交恐惧症患者有着不解之缘。完美主义者的超高标准与要求使他们在对待自己与他人时都会过度地严格要求。而且，完美主义者可能会放大自己对犯错的担心，因而他们常常会想尽一切办法避免犯错，这往往会使他们越发焦虑，继而害怕社交。

一提起完美主义者，很多人的第一想法便是“追求完美”，这确实是完美主义者的典型特征。虽然追求完美是很多人的目标，但是完美主义者对完美的追求已经到了吹毛求疵的地步。一旦某些事情没有达到他们的预期，哪怕是出现了一点点的不完美，他们也会陷入十分不安、烦躁、恐惧的状态之中。

从心理学的角度来说，过分追求完美对人们来说是一个沉重的包袱。在社交活动中，完美主义者不仅在意他人对自己的评价，更想控制他人对自己的印象。

通常，完美主义者的思考模式主要有以下三种。

1. 对自己要求过高

有些完美主义者对自己的要求过高，总是为自己设定很高的目标，甚至是不切实际的标准。如果自己达不到这些标准，或者一旦自己的人际关系出现问题，他们便会将这些问题归因于自己的不完美，内心充满挫败感，并将这种失败与不完美画上等号，从而使自己陷入自责、内疚之中，继而变得自卑，畏惧社交。

因为他们的出发点是追求完美，达到完美，所以他们无法忍受自己出错，无法忍受不完美。这种极端的完美主义心理会让他们在屡屡出错后陷入自我怀疑之中，对社交产生恐惧心理。

2. 对他人要求过高

有些完美主义者也会对他人严格要求，期望他人能做得和自己一样好。如果他人没有达到自己设定的要求，他们便会对他人不完美的地方表现出厌恶、恼怒等情绪。由于无法接纳这些不完美，他们便会将自己的负面情绪发泄到他人身上，因而会给周围的人带来巨大的困扰，也会影响自己的人际交往。

而且，为了实现完美，他们往往会给自己施加更大的压力，此时对自己的苛刻要求也会成为社交中的障碍。

3. 认为他人对自己有高要求

有些完美主义者深信他人对自己寄予厚望，如果自己无法达到期望，便会令他人失望。

比如，完美主义者觉得他人对自己的预期是，在社交中的表现是优雅的、不会犯错的。一旦自己犯了错，没有表现得那么完美，他们就会产生“别人对我很失望”的想法，并因此十分懊恼，不想再参与社交。

如果你不想让自己的完美主义情绪干扰了你的社交活动，那么你首先要允许自己犯错，允许自己不完美，毕竟世界上没有十全十美的事，每个人都或多或少地会犯错，这是很正常的事情。当你接受了自己的不完美，就不会为自己在社交中说错话、办错事而懊恼万分了，此时，你对社交的恐惧感自然就会烟消云散。

小知识

完美主义与高标准是两回事。高标准会激励我们尽力做好一些事情，但完美主义通常会制定太高的、难以达到的标准，而为了达到这个标准会干扰其他的事情，因小失大，得不偿失。

家庭对社交恐惧有重要影响

节前导读

家庭本该是每个人的避风港，但有时候，父母的不当行为和养育方式会影响成长中的孩子的心理发展，甚至引发他们的社交恐惧。

在一个人的成长过程中，家庭的影响不可忽视。心理学研究表明，一个人的人际关系模式在很大程度上是在有意或无意地重复早年生活中他和父母的关系模式。

还有研究表明，如果社交恐惧症患者父母中的一方也患有社交恐惧症，那么孩子患病的概率会提高到3倍以上。也就是说，父母的养育方式、孩子的成长环境是引发人们社交恐惧的主要原因。这主要可以从以下几个方面来考虑。

1. 父母的行为模式潜移默化地影响

患有社交恐惧症的父母的行为方式可能会导致他们的孩子也行为拘谨，对社交感到焦虑。

比如，一个儿童看到他的父亲拒绝参加聚会，拒绝与陌生人接触，或者在与人相处时十分不安，他就会产生“参加聚会或者与陌生人接触是危险的”的想法，因而便会拒绝这样做。

2. 父母将自己的焦虑想法强加给孩子

患有社交恐惧症的父母很可能会将自己对社交的想法强加给孩子，在养育孩子的过程中，放大社交对孩子的不良影响，坚信别人会给孩子带来危险，因而过度保护孩子，拒绝他们参加一些社交活动，或者对孩子在社交中的表现过分在意，担心孩子会受伤。

比如，当孩子无法融入他们的社交圈时，父母可能会对孩子说：“他们都是坏人，不要跟他们一起玩。”久而久之，孩子就无法开展自己的社交活动，并对社交产生抵触、恐惧等心理。

3. 父母的严格要求会催生孩子的恐惧心理

很多父母都会拿“别人家的小孩”跟自己家的孩子比较，虽然他们心里并不是真的这样想，但总这样说就会伤害孩子的自尊心与自信心，让孩子觉得自己不如别人，觉得父母不喜欢自己。而为了达到父母的要求，成为父母眼中的“好孩子”，他们便会过度地关注父母的需求，对人际关系变得极其敏感，在与人相处时总会战战兢兢。

这种胆怯心理也会扩散到与其他人的交往中，使其无法对社交保持一种良好的心态。总的来说，很多社交恐惧症患者都是因为家庭环境的影响而害怕社交的。

张昊是一位拥有十多家连锁美发店的老板，他在经营、管理与用人方面总是有独特的方法，公司的员工都说老板是一个有远见的人。

但有一个问题令张昊十分困扰，他不敢与人对视，即使是公司的员工，他也不敢直视对方，一碰到对方的视线，他就会不自觉地害怕，并会迅速躲避，这还使得一些员工以为老板对自己有意见。有时候，在公司的会议上，如果有员工咳嗽或者眨眼，张昊就会以为是自己说错了话，瞬间变得十分紧张。

直到他接受心理治疗，谈到自己的家庭情况与童年时的经历时，心理治疗师才找到他恐惧的根源。

在张昊小的时候，妈妈很强势，并且一直对他严格要求。张昊一做错事就会被妈妈批评，或者挨打。平时，妈妈从来不夸奖张昊，这让张昊觉得自己总是低人一等。后来，他总是担心自己在与别人的相处中也会惹得他人不高兴。

张昊就是因为父母的养育方式而变得不自信，害怕与人相处。

其实，因为家庭问题而害怕社交的孩子并不在少数，一个问题孩子的背后往往有一个问题家庭。如果你也在很大程度上受到了家庭的影响，现在仍然无法很好地与人相处，那么请你主动寻求帮助；如果你是有社交恐惧症的家长，请不要将自己封闭起来，也不要带孩子逃离他的社交圈，要知道，社交并没有你想象的那么可怕。

小知识

除了家庭环境的影响，一个人的创伤性经历、在学校碰见的事情也会引发社交恐惧，如目睹老师严厉地批评同学，看见同学被其他人嘲笑，等等。

逃避让你的社交恐惧越发严重

节前导读

对于社交恐惧症患者来说，逃避就像香烟和酒精，可以获得暂时的解脱，但长此以往，这对他们摆脱社交恐惧毫无助益。越逃避，社交恐惧症就会越严重。

当你看到自己害怕的事物时，你会怎么做呢？当你被要求参加自己不愿意去的聚会时，你会怎么做呢？相信很多人都会选择逃避。趋利避害是人的本能，逃避痛苦、寻求解脱，这是大多数人面对事情的反应。但如果你想用逃避的方式来应对社交，那就行不通了。

社交是我们生活的基本构成要素，逃避社交就意味着将自己孤立、封闭起来。不与他人接触，不再敞开自己的心扉，这样会让人变得日益孤僻，思维方式也会与社会脱节。对于社交恐惧症患者来说，这只会让他们的社交能力日益退化，更害怕社交。长此以往，就会形成一个“越害怕越逃避，越逃避越害怕”的恶性循环。

逃避并不是解决社交恐惧的好方法，甚至可以说是十分糟糕的一个办法。那么为什么很多人还是选择逃避呢？

其实，这就像你在面对一只十分凶恶的大狗，你与它四目相对时会感到焦虑与恐惧，但是当你逃避时，你的焦虑与恐惧就会消失，于是你便觉得逃避是解决这种问题的一种办法。

因此，当你再次遇到此类问题时，你还是会选择逃避，这种逃避行为会成为你处理此类事件的习惯性方式，进而成为你的第一选择。

有研究表明，将近50%的逃避型人格者都患有社交恐惧症。我们知道，逃避型人格的主要特点是行为退缩、心理自卑，面对挑战时大多采取回避的态度或者无力应付。

逃避只是社交恐惧症患者的一种常见表现。因为对社交的害怕，他们的逃避行为会越来越多。如果任由这种情况发展下去，逃避便会成为常态。

那么，你属于逃避型人格吗？

要想知道自己是否属于逃避型人格，可以通过以下几个问题来进行自测。

1. 你是否很容易因为他人的批评或不赞同而受到伤害？

2. 除了至亲之外，你是否没有好朋友或知心人（或者仅有一个）？

3. 除非确信受欢迎，你是否一般不愿卷入他人的事务之中？

4. 你是否经常出现退缩行为，对需要人际交往的社会活动或工作场所总是尽量逃避？

5. 你是否自卑，在社交场合总是缄默无语，怕被人嘲笑，怕回答不出问题？

6. 你是否敏感羞涩，害怕在别人面前露出窘态？

7. 在做一些普通的但自己不常做的事时，你是否总是放大潜在的困难、危险或可能的冒险？

如果你回答“是”的题目超过或者正好是四个，那么即可判断你属于逃避型人格。习惯性的逃避行为是你害怕社交的主要影响因素。

面对生活中的大多数事情，我们通常的解决办法都是逃避，以为自己不去面对就不会痛苦，结果还是无法掩盖原本的痛苦。如果你深深地被社交恐惧折磨，那么就不要再逃避了，逃避只会一次次地强化你的体验，让你越来越害怕社交。相反，只要转变观念，将逃避变成面对，相信经过一番努力，你就会走出心里的阴影。

当然，不逃避并不等于直面恐惧。所谓的不逃避，是在心理上主动面对，在内心建立“不逃避”的机制，从而逐渐在行为上面对社交，战胜恐惧。

小知识

逃避型人格者与社交恐惧症患者都会出现逃避行为，但这两类人对逃避的看法是不同的。

逃避型人格者倾向于将自己的逃避行为合理化，他们会觉得“我逃避是因为我不想”“这不值得”“我很累”等；而社交恐惧症患者会对自己的逃避产生负罪感，产生“我不应该逃避，可我没有那么能干”“我无法做到不逃避”等的想法。

延伸阅读　社交恐惧症患者常见的逃避形式

节前导读

逃避是社交恐惧症患者的生活常态，也是他们进行自我保护的一种方式。社交恐惧症患者经常出现的逃避形式主要有以下四种：逃避日常的人际交往；不停地换学校或工作；逃避爱情与婚姻；失去目标，出现与之前截然不同的反常行为。

《小猫和影子》的寓言故事讲述了小猫汤姆和托比都很讨厌影子，想要摆脱自己影子的故事。但是，无论他们走到哪里，只要一出现阳光，汤姆和托比就会看到令自己抓狂的影子。为了不再看到影子，汤姆和托比都找到了解决办法——汤姆永远闭着眼睛，托比则永远待在阴影里。

小猫汤姆和托比的表现就是典型的逃避行为。逃避也是社交恐惧症患者的主要行为方式，面对令自己感到焦虑的社交场景，他们的第一反应便是逃避，希望通过逃避让自己不那么焦虑，获得安宁。那么，社交恐惧症患者在生活中会有哪些逃避形式呢？

社交恐惧症患者常见的逃避形式有以下几种。

1. 逃避日常的人际交往

很多社交恐惧症患者会主动逃避日常的社交场合，他们会说："我有社交恐惧，我不适合参加这类活动……""我要是去了，没准会令气氛不愉快，要不下次再说吧，下次我会准备好的……"

他们习惯于逃避日常的人际交往，将自己封闭、孤立起来，把自己藏在安全区之内。而要想克服社交恐惧，就需要与人接触，与社会保持联系，不与社会脱节。因此，他们的这种逃避行为会成为他们克服社交恐惧的障碍。

试想一下：如果一个人该学习时不学习，该工作时不工作，而只是躲在家里，逃避任何的人际接触，无疑他会感到空虚，觉得活着没有意义和价值，这种消极的思想又难以通过与他人的交流而宣泄出去，悲观便会找上门来。

2. 不停地更换学校、工作

有些社交恐惧症患者会不停地换学校（宿舍）、换工作，他们给出的理由总是出奇地一致，如："这个学校（宿舍）的学生太不友善了，人员素质太低。""这个公司的人际关系太复杂了，同事对我都不好。"

而在换了学校（宿舍）、工作之后，大多数社交恐惧症患者还是无法适应新环境，情况往往还是无法得到改善，结果又得换学校（宿舍）、换工作。

其实，之所以会出现这样的情况，问题在于社交恐惧症患者的内心不够强大。他们总想通过逃避的方式改变自己的处境，而不懂得修炼内心。

对我们来说，要换一个新环境，本来就有一定的挑战，更何况还是有社交恐惧症的人，想适应得好更是难上加难。所以，与其不断地换学校、换工作，不妨修炼自己的内心，让内心强大起来，不再害怕人际冲突。

3．逃避爱情与婚姻

有些社交恐惧症患者是异性恐惧者，他们逃避与异性接触。如果无法避免地要与异性接触，他们常常会感到十分紧张，甚至会落荒而逃。有些人在家人的催促下鼓起勇气去相亲，但是不欢而散的经历让他们越发害怕与异性相处，因而他们会逃避爱情与婚姻。

即使很多人渴望与异性接触，并尝试迈出了第一步，但这些经历也大多以失败告终。结果，这些痛苦的经历就成了社交恐惧症患者社交的障碍，使他们在与异性接触时望而却步，甚至不再主动接触异性，而且还逃避可能接触到异性的场合。

4．失去目标，表现极端化

有些社交恐惧症患者是追求完美的人，他们对自己的表现和别人的评价都十分在意。而当他们陷入社交恐惧后，内心总是给自己打低分，也觉得别人会给自己打低分，自己不再是别人眼中优秀的人，这种令他们“不完美”的痛苦感受会使他们十分煎熬。由于无法再达到完美，他们便干脆破罐子破摔，表现得与之前截然相反。

比如，有些学生之前不想上学，突然就不再排斥上学了，他们在学校里的表现可能是得过且过、不求上进。表面上看他们是想通了，实际上这种做法也是逃避的一种形式，是他们缺乏信心，无法面对现实的一种表现，是担心自己再次受伤而出现的一种自我保护行为。

逃避会获得暂时的解脱，但于事无补。所以，勇于挑战内心，不要被恐惧吓倒，你会发现，自己害怕的社交恐惧终究也不过是“纸老虎”，并没有那么恐怖。

小知识

逃避不是解决问题的办法，反而还会加深人们对社交的恐惧与焦虑情绪。综观各种社交恐惧症的治疗方法，不论是暴露疗法、系统脱敏疗法，还是认知行为疗法，逃避行为都是治疗的大敌。

第4章 恐惧心理与性格因素的关系

你好

“只有性格内向的人才会有社交恐惧，性格外向的人不会这样。”

很多人都有这种想法，

不要有心理压力

觉得社交恐惧症是内向者的专属，

我们一起

觉得性格内向就是社交的大敌，

而外向者与社交恐惧症不沾边。其实并非如此。

嗨

外向者可能也有社交恐惧症，

内向者可能也喜欢社交并且擅长社交，

放轻松

很高兴认识你

只是他们不习惯长时间参与社交。

所以，只有了解自己的性格特质，

找到适合自己的社交方式，对社交的恐惧感与焦虑感才会减轻。

大家好

加油

心理小测试 你是内向性格者吗

性格内向往往被人们认为是缺点，甚至有些人会因此而受到歧视。其实，内向与外向只是性格的一个维度，并没有好坏优劣之分。了解自己的性格，你便能找到适合自己的社交方式，用自己感到舒服的方式去参与社交。

你是内向的人吗？想知道你的性格特征吗？那就来测一测吧！

测试内容

本测试共32道题目，每道题目均有5个选项，请认真阅读下面的每道题目，并根据自己的实际情况，在每道题目前的括号内填上你的答案。

A=完全不符，B=较为不符，C=基本符合，D=较为符合，E=非常符合。

（ ）1. 比起参加各种活动，我更喜欢安静平和的状态。

（ ）2. 当讨论的语速越来越快，双方思想交锋的时候，我感到如鱼得水。

( ) 3. 我有时候热衷交际，有时候不热衷交际。

( ) 4. 我喜欢参加大型的活动，喜欢结识新朋友。

( ) 5. 别人说我太沉默寡言。

( ) 6. 不管遇到什么事，我都能顺其自然，很少会忧心忡忡。

( ) 7. 闲聊经常让我感到疲惫不堪。

( ) 8. 我在开口之前不需要深思熟虑，总是说着说着就来灵感了。

( ) 9. 我工作时不喜欢有人旁观。

( ) 10. 如果身边发生的事情太少，我会感到疲惫。随后，我需要有人陪伴，才能恢复精力。

( ) 11. 我去参加聚会的时候，更喜欢提前知道聚会上会发生什么事。当然，可以有自由发挥的空间，但我喜欢提前了解一些情况。

( ) 12. 我喜欢毫无准备地投身新体验。

( ) 13. 在大多数情况下，我都会温和地说话，很少提高嗓门。

( ) 14. 为了避免感到无聊，我会做很多事。对我来说，日程表上的活动太多比太少好。

( ) 15. 我的知识广度一般，但有深度。我对某些领域的认识比较深入，但在其他领域的知识就有所欠缺。

( ) 16. 我经常是最后一个离开聚会的。

( ) 17. 如果我接收了大量的信息，就需要一个人待着来好好消化。

( ) 18. 我能从活动和社交中汲取能量，只要身边发生的事情足够有趣，我就很少感到无聊。

( ) 19. 别人都说我凡事想得太多。

( ) 20. 跟一群爱说话的人待在一起时，我很少表现得冷漠。即使是面对不认识的人，我也能迅速抓住机会，参与谈话。

( ) 21. 如果我对真假的判断与人们通常理解的不同，我会更倾向于相信自己的逻辑或者直觉。

( ) 22. 我很容易跟不认识的人聊起来，如在公交站台处。

( ) 23. 每天都有独处的时间，这对我来说很重要。

( ) 24. 我经常灵光乍现，即使别人正在说话，我有时候也会忍不住要发表自己的看法。

( ) 25. 同时跟几个人交流对我来说有点困难。

( ) 26. 我对发生在身边的事情很感兴趣，有时候甚至会忽略自身需求，如吃饭和睡觉。

( ) 27. 我不喜欢成为人们关注的焦点。

( ) 28. 如果发现朋友为我举办了惊喜派对，庆祝我的生日或者纪念日，我会特别开心。

( ) 29. 我更喜欢一对一的谈话，而不是一大群人的交流。

( ) 30. 我能迅速融入新群体，自然而然地接上别人的话茬。

( ) 31. 我宁愿倾听自己内心的感受，相信自己的直觉，而不是去外界寻找答案。

( ) 32. 我喜欢听到别人和外界的声音，不喜欢身边安安静静的。

计分方法

A=0分，B=1分，C=2分，D=3分，E=4分。

序号为奇数的题目为第1组，序号为偶数的题目为第2组，第1组的总分减去第2组的总分即为最终得分。

测试结果

总分范围为-64～64分，得分越高代表越内向，得分越低代表越外向。如果得分接近0分，说明你属于中向型。

性格内向不是社交的大敌

节前导读

内向只是一种性格特质。在当前的很多社交活动中，虽然内向者不占优势，但这并不代表他们就无法在社交中表现得良好。其实，内向者同样也可以享受社交的乐趣。

你觉得内向性格者应该是什么样的？内向者在社交中一定是腼腆、羞怯的吗？很多人都觉得内向的人生来就是腼腆的，是不善于也不喜欢社交的。其实并非如此，内向者也喜欢社交，也擅长社交，只是他们不像外向者一样，可以在社交中长时间地保持精力充沛。

美国著名社交技能导师帕特里克·金这样形容内向者与外向者在社交中的表现：“外向者会通过社交活动给自己充电；而内向者在社交的时候很快就会‘没电’，内向者是通过独处来获得精力的。”这就是说，内向者参与社交活动的精力是有限的，他们在补充精力后依然可以继续参与社交，享受社交的乐趣。

对内向者来说，参与社交就像是在进行一场长跑比赛，长跑会消耗他们的精力，让他们变得筋疲力尽，无暇顾及其他的事情，而只有经过一段时间的休整之后，他们才能恢复如初，再次充满活力。与外向者相比，他们休养生息的方式比较特别——独处。

所以，内向性格并不是社交的大敌，内向者只是参与社交的方式与外向者的有所区别，并非厌恶社交活动本身。

内向者经常会做出一些令外向者不解的行为，常见的行为有以下几种：

★毫无预兆地消失一段时间，没有留下什么联系方式，但是过一段时间后又以精神饱满的状态出现。

★在发言前会做很多准备，如查找资料、做笔记等。

★很少参加晚间活动或聚会。

★在商务早餐中，远远地坐在角落。

★即使跟你已经认识了很长时间，也不会向你透露其基本信息。

★发言、说话通常都经过了深思熟虑，很有说服力。

如果你具有以上的多数特征，那么你很可能就是内向者中的一员。

内向者大多都不愿意与信口开河、言之无物的人待在一起。在他们看来，与人相处最舒服的状态是与对方的关系很亲密或者与对方有共同的兴趣、话题等。

而且，内向者大多比较安静，很少会做出夸张的动作，也不会博人眼球。

大多数社交活动都是外向者的乐园。如果内向者无法找到自己的社交舒适圈，就很可能因此害怕社交。所以，内向者要了解自己的性格特征，找到给自己“充电”的方式，才能更好地参与社交，不会因此对社交产生恐惧心理。

另外，内向者取得的成就并非不如那些外向者，像比尔·盖茨、奥黛丽·赫本、巴菲特，他们都是内向的人，但都取得了卓越的成就。所以，不要再为你的内向性格而耿耿于怀，不要担心你的内向性格会阻碍自身的发展，只要你运用好自己的性格优势，同样也可以享受社交的乐趣，在社交中变得游刃有余。

小知识

并不是只有内向者才会患上社交恐惧症，外向者同样也可能患上社交恐惧症。内向与外向只是性格特质，而社交恐惧则是一种心理状态。

内向者社交与外向者社交

节前导读

内向者在社交中有自己独特的优势，他们更善于思考，习惯三思而后言，并能清醒地认识到自己的能力，不会掩饰自己的真实性格，也更加注重自己的内心感受，不会为了迎合他人而丢失原本的自己。

看着外向者在人群之中谈笑风生，相信很多内向者都会羡慕不已，希望自己也能成为人群中的焦点，能够闪闪发光，引人注目。于是，有些内向者便尝试像外向者一样频繁地出入社交场所，参加各种社交活动，结果这些社交活动耗尽了他们的能量，他们在社交活动中的表现令人大失所望，于是他们便开始讨厌社交，甚至会因此害怕社交。

如果你也是内向性格中的一员，其实你不必羡慕他人，与外向者相比，你在社交中也有自己独特的优势。

1921年，瑞士精神病学家、心理学家卡尔·荣格首次全面描述了外向性格与内向性格。研究显示，内向者占总人口的30%～50%。对于外向者与内向者的区分，卡尔·荣格的说法是，外向者主要对外部世界感兴趣，尤其是人和活动，而内向者则更关注内心世界，关注自己或他人的思维、梦想、幻想与渴望等。

由此可见，与外向者相比，内向者更注重自己的内心感受，他们很少受外界的人和事的影响。当然，这并不意味着内向者就是独断专行，不听取他人意见的。他们在做决定时也会搜集相关信息，但最终的决定权在自己手里，不会违心地做决定。

在社交的过程中，外向者大多会边说边想，在做决定时会先从口头和行动开始，并在这个过程中逐渐呈现出清晰的想法，而且，他们的思维十分发散；而内向者则会在做出答复之前先整理思路，在仔细思考过后才开始表达自己的意见，他们的思维往往比较集中。

内向者与外向者在社交中的不同表现主要有以下几点，如下表所示。

表4-1　内向者与外向者在社交中的不同表现

项目	内向者的表现	外向者的表现
思考方式	善于思考，三思而后言	边说边想
思考形式	深入思考，思维集中	思维发散
交流方式	善于倾听	善于表达
获取精力的方式	通过独处恢复精力	通过与人互动获取能量

内向者在社交中也会遇到一些问题。比如：当他们从人群中抽身，通过独处给自己充电时，很容易被人误解，认为他们不喜欢跟其他人待在一起；由于对隐私的高度重视，当谈论到涉及自己隐私的事情时，他们往往会缄口不言，这会让人觉得他们在排斥对方；如果在社交中出现一些意外状况，他们很可能手足无措，不知该如何应对。

所以，如果你并不是一个真正的外向者，那就不要强迫自己，不然，即使你耗尽全身力气，也很难达到理想状态，还可能在社交中受伤。接受你的内向性格，选取适合自己的社交方式，你才能很好地参与社交，不会因为自己的表现不当而害怕社交。

小知识

和内向者相比，外向者过于在意他人的认可与追捧，经常在他人身上花费大量的精力。为了在社交圈中受到他人的欢迎，有些人会扭曲自己的价值观与品格，为了讨好他人而失去自我。

内向不是问题，跟随自己的社交节奏

节前导读

没有人是100%内向型的或100%外向型的，大多数人都是兼具这两种性格特质的。在社交中跟随自己的节奏，与自己的内在力量同行，才能让社交不再成为噩梦。

“你要多跟小朋友一起玩耍，这样才是好孩子。”

“你要积极参加集体活动，这样才是好学生。”

“你要多跟同事交谈，这样才不会显得不合群。”

“你要多向外向的人学习。”

……

相信很多人都听过类似的话。现代人总是将性格内向看成缺点，老师对学生的评语会写“要是能再活泼外向些就好了”，家长也会时不时地提出“内向无用论”，告诉孩子“你这么内向，不太好”，甚至连内向者自己也认为“内向是不对的，需要改正”。

其实，内向并没有什么问题，这也不是一个人的缺点。试图让内向者改变自己的性格特质，像外向者一样参与社交，这本就是强人所难。这样做，既增加了内向者的负担，又为彼此之间的交往带来不快。

内向者与外向者一样，在社交中拥有巨大的潜能，我们需要充分地发挥自己的天性，而不是刻意去压制它们，懂得与自己的内在力量同行，跟随自己的社交节奏，才能在社交中游刃有余，获得成功。

具体来说，内向者在参与社交时可以这样做。

1. 做好社交前的准备

外向者习惯于拓展自己的朋友圈，与人交际对他们来说是很正常的事情，但内向者在大多数社交活动中都会觉得不自在，尤其是在面对陌生人，或者出现一些意料之外的情况时。因此，做好社交前的准备工作对内向者来说是一项有效的社交策略。

社交前的准备工作包括了解对方的性格特点、兴趣爱好，参与社交活动的人数，活动的主题、场合，主要的社交流程等。对于内向者来说，他们对此了解得越多，准备得越充分，他们在社交活动中的表现便会越好。

2. 在社交进行过程中为自己充充电

当旅行的目的地较远时，我们在中途也会停下来，休息一下，恢复一下体力，以便继续接下来的旅程；当一场会议持续的时间很长时，我们都需要吃些点心、水果，喝点水，以保证有充沛的精力将这场会议继续进行下去。同样，当一场交际活动耗费了你大量的精力后，毫无疑问你也要为自己充充电，暂时中止社交活动，恢复精力。

在社交进行的过程中，如果你感到不自在、不舒服了，那就找个借口抽身离开吧，找一处安静的角落独处一段时间，为自己充充电。当你准备好之后，再回到社交场合之中。

按照你的节奏参与社交，你的社交活动才算是高质量的、有用的，你也不至于拖着疲惫的身体退场，甚至总是对这些社交场合望而却步。

小知识

一个性格内向者在社交中无法表现良好，他就会觉得内向是自己的缺陷。这种认识是错误的。如果你也曾这样看待自己或者看待他人，那么请改变这种想法吧！

唤醒你心底的外向性格特质

节前导读

内向性格者心中也潜藏着外向性格的特质。内向者想通过伪装把自己变成外向者，往往很难取得好的结果。而当他们意识到自己无法做到这一点时，痛苦和失望又会侵蚀着他们。因此，唤醒内向者心中的外向性格特质，才是更好的解决办法。

“你别以为‘穿上马甲’我就不认识你了！”“你‘脱了马甲’我照样认识你！”这两句话虽然常用于调侃，但是仔细思考，我们可以从中解读出另一番深意。

对内向者来说，要通过伪装彻底将自己变成外向者是一项不可能完成的任务。如果勉力而行，在社交中也只会感到沮丧、痛苦，反而无法体验社交带来的乐趣，甚至还会因为不擅长这种社交方式而畏惧参与其中，从而害怕社交。

我们每个人都是内向性格与外向性格的集合体，只不过有些人的内向性格较明显，有些人的外向性格较明显。所以，我们不必刻意改变自己的内向性格，可以唤醒藏在心底的外向性格特质，改变自己在社交中的行为和习惯，享受外向性格在社交中的优势。

要想唤醒外向性格特质，在社交中展示自己的独特魅力，我们可以从以下几个方面着手进行。

1. 转移自己的注意力

在与人交往的过程中，你脑海中想的是什么呢？是自己的表现好不好，还是他人的表现是否令你满意？

很多内向者都对自己的情绪过于敏感，他们在社交中将更多的关注点放在自己身上。他们觉得自己在社交活动中的精力是有限的，如果出现一些特殊情况或者持续很长时间，他们就很可能因为精力耗尽而给别人留下不好的印象。

于是，在社交活动一开始，他们就时刻计算着自己的时间，在心中为自己设定一个闹钟，时间一到，他们就逃离现场，以免被人看出端倪，这种心理暗示使得他们无法真正地享受社交活动的乐趣。而且，他们越是担心，就越不安，在社交场合就越可能出错。

所以，要想改变这种社交现状，就要将自己的注意力转移到其他人身上，不要把焦点对准自己，不要只看到自己的紧张和不安，这样才能从社交焦虑中解脱出来，享受人际交往的乐趣。

2. 少一些偏见，多一些接纳

简·奥斯汀的代表作《傲慢与偏见》是以男主人公达西的傲慢与女主人公伊丽莎白的偏见为线索而写就的。在一次舞会上，达西对伊丽莎白出言不逊，引起了伊丽莎白对他的偏见，后来经过品行不端的威克姆的挑唆，加深了伊丽莎白对达西的偏见。直至后来又经历了一些事情，伊丽莎白才渐渐消除了对达西的偏见，最终有情人终成眷属。

很多时候我们对他人的评判未必是准确的。所以，在社交活动中，请不要急着给他人下判断、贴标签，而应该学着多去接纳他人，正所谓“路遥知马力，日久见人心”，经过长时间的相处，我们的判断才更真实。所以，不要让自己的偏见影响了社交，不要因为偏见而封闭自己，隔离他人与自己的接触。

3. 设定一个社交目标

试想一下这样的情景：你连续加班了几天，终于把一项工作做完了，走在回家的路上，想着要好好地补个觉，突然，你发现你的偶像迎面走来。此时，你还会垂头丧气、精神不振吗？

相信你会充满活力，精神为之一振。这是因为见到偶像是你的愿望，对你来说，这是一个大大的惊喜，对你是有好处的，当然这种好处大多是心灵与情感上的满足。

其实，社交也是如此。如果内向者在参与社交活动时为自己设定一个可以达成的、对自己有好处的目标，那么他们自然会朝着这个目标努力，在社交中会尽量表现得完美，消除自己对社交的顾虑。而这种积极的社交行为也会带动他人的情绪，由此建立起一个良性的循环，互相给予积极的作用与影响，使相互之间的交际充满热情。

正确的目标会引导内向者展开更多的人际交往活动，使他们在社交中投入更多的注意力，而不会让自己的社交恐惧感来支配这场社交活动。

内向性格和外向性格就像是我们衣橱里的一件件衣服。我们不需要去购买新衣服，只要进行合理的搭配，就可以让内向性格与外向性格都成为增添我们魅力的服装，穿出独特的风格。

小知识

大多数内向者都比较敏感，但并非所有内向者都敏感。世界上有30%～50%的人属于内向型，但只有15%～20%的人被认为是高敏感型。

找到舒适区，让内向者不再害怕社交

节前导读

只有找到自己的舒适区，参加令自己感兴趣的社交活动，内向者才能更好地体验社交，不再害怕社交。

如果你是一个内向的人，社交让你感到身心俱疲，甚至令你恐惧，那也没关系，要知道，总有一些社交场合是让你享受其中的。在这些社交场合中，你会像那些外向者一样，从社交中汲取能量，补充精力，而你现在要做的就是找出这些令你感到舒服的社交场合。

我们都有这样的体会：当我们与不熟悉的人交际时，我们会觉得社交是十分累人的，心中十分想要及早结束这场社交活动；而当我们谈论自己感兴趣的事情或者与自己熟悉的人相处时，从来不觉得尴尬，反而还会滔滔不绝地发表自己的意见，与人相谈甚欢，不想结束话题。

由此可见，内向者只有找到自己的社交舒适区，才能在社交中发挥出自己的最佳状态，不再害怕社交，成为社交赢家。

所谓找到自己的舒适区，主要包括两个方面。

1. 选择适合自己的社交场景

请你盘点一下，你对哪些社交活动比较感兴趣？在哪些社交活动中，你的表现可圈可点？请你将自己经历过的社交场景、这些场景的特别之处以及与之相似的你想要体验的其他场景列到下面的表格中。

表4-2　根据以往经历选择适合自己的社交场景

经历过的社交场景	特别之处	其他想要体验的场景
电影赏析交流会	学到很多知识，跟志趣相投的人一起讨论	编剧交流会，与同行探讨电影制作等

其中，第一列填写你曾经表现较好的社交场景，比如同行交流会、××兴趣爱好小组活动、与好友骑行旅游等。

第二列填写这些社交场景的特别之处，或者令你感到舒服、愉悦的原因。比如能提升智力、体验新奇、存在奖励机制、有兴趣相投的陌生人、学到了很多新知识等。

第三列可以参考第二列中的内容，列出具备这种特征且你还想要参与的其他活动。

在你列完这些你曾经发挥最佳状态的社交场景后，相信你对于自己将要参与的社交活动也会了然于胸了。

2. 找个社交外援

如果你担心独自参加一些社交活动会表现失常，不如主动申请社交外援，为自己找一个代言人，让他帮助你处理社交问题。这样，当你要面对一些自己无法处理的社交场景时，就可以寻求对方的帮助。

当然，这就需要你找的外援是一个社交能力很强的人，当谈及某个问题时，他能很快地做出反应，并帮助你建立一个谈话框架，而你只需要用细节将这些内容填充进去即可。如果他足够了解你，那么你们的合作会更顺利，也不会出现谈话前后矛盾的情况了。

在社交中，内向者更关注所要传达的信息本身。为了确保能准确地表达出自己的想法，他们在对一件事发表看法时会字斟句酌，十分认真地对待每一次的交流，而这种谨慎可能会被误解为拘束、冷漠。有了外援的帮助，就可以很好地避免误解，让社交成为内向者的“充电宝”。

小知识

对内向者来说，用文字来交流是一个不错的选择。所以，如果你要与内向者交际，不妨试试用文字来代替面对面的交流吧！

延伸阅读 内向者的“不”未必是“不”

节前导读

内向者在深思熟虑前很少做出决定，如果需要立即给出回复，他们往往倾向于给出否定回应，但这并非真实地表达了他们的否定意愿，在大多情况下这是“我还没考虑好”的意思。

对你来说，什么样的社交才算是成功的呢？是结识了更多的人，还是与一个或者几个人进行了一次深入的交谈？

当有人提出一个新提议时，你会怎么回复呢？是直接说“不”，还是欣然接受呢？

内向者在社交时更注重质量，而非数量，他们更喜欢与数量不多的人进行意义深刻的交往。对他们来说，用数量来衡量自己的社交是否成功是十分劳心费力的一件事。如果要让他们像外向者一样，同时与多个人结交，他们只会感到无所适从，甚至会因此崩溃。因此，对内向者来说，较少的人加上较少的时间就等于成功的社交。

如果在社交中出现一些意外的情况，内向者就不像外向者一样可以妥善处理。在面对这些问题时，内向者往往更倾向于用“不”来做出回应，下面的性格行为分析可以帮助我们更好地理解内向者所说的“不”所代表的含义。

A. 内向者习惯于三思而后言。也就是说，内向者在做出决定之前会先进行多角度的思考。

B. 如果没有进行足够的思考，内向者往往会做出否定的回应。

C. 如果你突然向内向者提出一个想法，让他们立即给出回应，那么你得到的通常是否定的答案。

如果A和B的情况同时存在，那么我们便可以推导出结论C。

这就是说，内向者在社交意外的情况中所做出的否定回应往往要表达的不是“不”的意思，而是自己还没有考虑好。但是这个否定回应往往被他人当成是“自己被拒绝”的标志，从而引起误解。

为了不让自己被他人误解，为了享受社交，不再害怕社交，当他人就某件事情征求你的看法时，你可以采取以下两种方式来回应。

1. 为自己争取考虑的时间

当对方询问你的意见，而你没有考虑好，不知道该如何回应对方时，不要急着说“不”。你可以直接告诉对方你需要一些时间来考虑，现在还没有想好应该怎么说，然后你可以让其他人先说一说自己的想法。这样既不失面子，又不会让别人觉得你孤傲或冷漠。

2. 以书面形式反馈

如果条件允许的话，你可以将你对讨论的话题的思考以书面形式发给对方。这样既显得你重视这次的讨论，又给自己留出了足够的思考时间，便于你在做出全面的考虑之后得出较为深刻的结论。

不论是哪种回应方式，你都不要直接拒绝对方，不要用“不”来堵对方的嘴。在你做出回应之前，请先认真地思考一下，相信别人也会对你的深思熟虑表示理解与肯定。当你体会到了社交的意义后，你的社交焦虑感与恐惧感也会逐渐减轻。

小知识

内向者常常会在社交过程中受到启迪，然后在自己的独处中得出结论；外向者在社交过程中会灵光一现，可以想出很多好点子。

第5章

正确认知自我，克服恐惧从改变思维开始

你好

思想决定行动，有什么样的想法就会有什么样的行为。

如果你回避社交，对参与社交退避三舍，

不要有心理压力

那么毫无疑问这是你害怕社交的想法所致。

我们一起

很多社交恐惧症患者都会朝着消极的方向思考，

形成了一套负面思维模式，把事情看得比实际情况更糟糕，

嗨

对自己做出消极、错误的评估，

增加了自己对社交的恐惧心理。

放轻松

很高兴认识你

因此，要想克服社交恐惧，

首先要改变思维模式，正确地认知自我，

大家好

对社交中的他人也做出中肯、切实的评价。

加油

心理小测试 测测你的羞怯程度

羞怯是很多人都会出现的一种情绪，处于这种状态的人，在社交中往往会感觉十分焦虑。通过下面的测试，来检测一下自己的羞怯程度吧！

测试内容

本测试共13道题目，每道题目均有5个选项，请你根据实际情况判断与你的感受及行为符合的程度，在每道题目前的括号内填上你的答案。

A=完全不符，B=较为不符，C=基本符合，D=较为符合，E=非常符合。

（ ）1. 当和不太熟悉的人在一起时，我感到紧张。

（ ）2. 我在社交方面相当差劲。

（ ）3. 对于向别人打听些事情，我不觉得困难。（R）

（ ）4. 我在聚会或其他社交活动中经常感到不自在。

（ ）5. 当处于一群人之中时，我很难找到合适的交谈话题。

( ) 6. 我并不需要用很长的时间来克服自己在新环境里的羞怯。(R)

( ) 7. 与生人在一起时，我很难表现得自然。

( ) 8. 在和权威的人谈话时，我感到紧张。

( ) 9. 我对我的社交能力毫不怀疑。(R)

( ) 10. 我难以正视面前的人。

( ) 11. 我在社交场合感到很受限制。

( ) 12. 我并不觉得同陌生人谈话有什么困难。(R)

( ) 13. 我在与异性交往时会更加羞怯。

计分方法

本测试的题目分为正向计分题和反向计分题两种。其中，标注有（R）的为反向计分题，其余为正向计分题。

正向计分题中，5个选项“A、B、C、D、E”分别按1分、2分、3分、4分、5分计分；反向计分题中，则按5分、4分、3分、2分、1分计分。

最后将各题得分相加，得出总分即可。

测试结果

本测试的总分范围为13~65分，羞怯程度随着分数的增加而提高。

得分为13分，表示羞怯程度最低；得分为65分，则表示羞怯程度最高。

“随它去”是淡化负面思维的关键

节前导读

很多影视剧中，主角对总是找自己麻烦的人的态度大多是“惹不起还躲不起吗？我要躲得远远的”。其实，对于社交恐惧症患者脑海中出现的负面思维，采用“随它去”的处理方式也是不错的选择。

“Let it go, let it go……”（“随它去，随它去……”）一看到这两句歌词，你是不是会不由自主地哼唱起来呢？迪士尼动画电影《冰雪奇缘》的主题曲 *Let It Go*（《随它去》）让人印象深刻，甚至有很多人还将其当成自己的口头禅。社交恐惧症患者要想摆脱负面思维的束缚，也要有“随它去”的心态。

很多社交恐惧症患者都经常迷失在负面的自我评价中，他们往往戴着有色眼镜来进行消极的自我评判，对自己持有偏见。比如“我担心自己会紧张，担心这种紧张会被别人看出来”“我怕自己会口吃”“我怕自己脑海中会出现不道德的画面”“我一说话肯定会脸红，别人会嘲笑我”等，令自己感到十分疲惫和痛苦。其实，社交恐惧症患者也可以将“随它去”作为自己对待负面思维的态度。

试想一下：你正在一条小路上走着，对面有一只狗冲着你狂吠，此时你会怎么办？是冲着狗大喊，企图把它吓走？还是被狗吓得赶紧往回跑？抑或是躲得远远的，仍朝着原来的方向走？

如果你冲着狗大喊，那么只会激发它的斗志，它越会纠缠你；如果你被吓得往回跑，那么狗就知道你怕它，它会一直追着你，干扰你前进；如果你不理它，躲得远远的，它会觉得没趣，对你的干扰就会越来越少。

其实，社交恐惧症患者大脑中的这些负面想法就像拦路的狗，你越不理它，随它去，这些负面想法对你的影响就会越小。

所谓“随它去”，主要包含以下两层含义。

1. 视而不见

视而不见，指的是不要过分关注这些负面想法。既不要刻意排斥它，与它对抗，以免这种负面想法出现得越发频繁，也不要被它牵着鼻子走，屈从于它，以免它越发猖狂，而要与它形同陌路，不搭理它。

2. 少想多做

少想是目的，多做是手段，要通过多做，把思维从这些负面想法中转移到正常的事情上。

少想并不是不想，而是要一边想一边做其他的事情，从而通过“做”来逐渐淡化这种负面思维，达到“少想”的目的。

因此，在与人交往的过程中，如果你的大脑中总是出现负面想法，那就承认它，然后随它去，既不要刻意排斥、赶走它，也不要无限度地想象各种糟糕的可能性。其实，只要你试图推开它们，不惧怕它们，就能打破负面思维的魔咒，自如地应对自己的想法。

当你在被这些负面想法纠缠，感到十分困扰时，你可以秉持着“随它去”的心态，不要搭理它，从而逐渐淡化脑中的负面思维，不再因此而害怕参与社交活动。

小知识

屈从和排斥无法摆脱负面思维。当负面思维出现时，无论它怎样干扰你，你都继续做自己的事情，既不和它斗，也不顺着它走，那它对你自然也就无可奈何了。

少点内心戏，从别人的眼光中走出来

节前导读

你只是自己世界的中心，别人并不围着你转，也没有你想象中那么关注你。所以，不要以你之心揣摩他人的想法，从你的内心大戏中走出来，你才能克服对社交的恐惧，享受社交的乐趣。

很多影视剧都喜欢用平行空间这个概念，同样的场景、同样的摆设，却上演着不同的故事。其实，社交恐惧症患者心中就像有另一个世界，虽然我们看到的东西都是一样的，但是他们内心总是上演着恐怖电影，充满灾难性的剧情。

比如：在饭店吃饭，服务员等待客人点菜，望着客人时，一般人的想法是“她还在等着我点菜”，而社交恐惧症患者的想法可能是“她在嘲笑我不会点菜，这么磨磨蹭蹭的”；在聚会上，几个人围在一起闲聊时，社交恐惧症患者会觉得他们都在盯着自己，看出了自己的不自在；在路上偶遇认识的人，对方匆忙走路，他们就会觉得对方是故意假装没看到自己……

一位社交恐惧症患者曾经这样描述自己的感受——

在一次交流会上，我拿了一杯酒，此时，我的大脑中就开始想象：如果我喝酒了，我就会脸红、身体发抖；如果我脸红、身体发抖，人们就会都盯着我看；如果人们都看到我这个样子，他们就会觉得我不可信，就不再信任我，也不会想与我合作……

还有一次，在饭店里，我发现服务生上错了菜，我想要换回来，但是我又一想，如果我提出了这个要求，服务生就会很生气，他就不会很好地为我服务了，我们就会发生争吵，到时整个饭店的人都会看向我们，议论我的行为。即使服务生将菜换回来了，也很可能是不好好做的，那我就会被恶劣地对待了。

社交恐惧症患者的内心总是上演着各种戏码，根本原因在于他们的自我意识较强，过于关注自己，将大量的精力都花在自己身上，而不是观察周围的世界。他们在乎他人的评价，在乎他人的眼光，并试图猜测他人对自己的反应，从而让自己在社交中不自在。如果他们任由这种想法无限放大，就会出现各种逃避行为，排斥社交活动。

实际上，每个人只有一小部分的时间和精力是留给他人的，最关注你的只有你自己，其他人对你的一举一动并没有太大的兴趣，他们也并非想要对你评头论足。社交恐惧症患者做出了一个错误的假设，并将自己置于一个封闭的、被他人围观的透明玻璃瓶中，让自己透不过气。

你心中是否也总是上演一些负面的场景，是否总是担心他人会给你负面的评价，对他人存在消极的自动化观念呢？

下面有12道题目，用来测试你对他人的直觉反应。请仔细阅读这些描述，思考它们在多大程度上符合你的情况，然后记录下自己的分数，并计算出平均分。

评分标准为7分制，其中，1分代表完全不符合，4分代表一般符合，7代表完全符合。

1. 如果我向别人吐露太多心声，他们就会伤害我，在背后说我坏话。

2. 人们总是嘲笑我，拿我寻开心。

3. 人们对我的态度很冷漠，不想了解我。

4. 如果人们知道我焦虑不安，一定会鄙视我。

5. 如果别人居于我之上，他们一定会利用我、欺负我。

6. 我不会让别人对我有太多了解，因为他们总是滥用我的信息。

7. 如果我不处处小心、谨慎行事，人们就会利用我。

8. 人们不关心我的问题。

9. 如果和别人交往频繁，我一定会伤害他们，最后他们也会拒绝我。

10. 我认为不舒服的事情和情景，他人对此总不认同。

11. 我的不适会让他们产生一种优越感。

12. 人们并不关心我。

此测试大学生样本的平均得分为2.4分，社交恐惧症患者的平均得分为4.6分。得分越高，表示你越倾向于指责他人，对他人存在消极的观念与苛刻的态度，无法信任他人。

因此，让社交恐惧症患者将注意力从自己身上转移到别人身上，对社交中的他人或者环境给予更多的关注是减缓他们社交焦虑与恐惧情绪的一个重要方法，让他们内心的小剧场停止开演。

在意他人的评价，就像是为别人而活，因为害怕别人的负面评价，社交恐惧症患者会变得越来越自卑，社交障碍也会越来越严重。所以，请从别人的眼光中走出来，为自己而活，别让你心中那一场并不存在的负面幻想影响了你的社交。

小知识

美国女演员雪莉·麦克雷恩提出了“20-40-60法则”：20岁时，你总是在担心别人是怎么看你的；40岁时，你醒悟过来，“我才不管别人是怎么看我的”；60岁时，你才发现根本没有人关注你。其实，从一开始就没人关注你，所以你根本不必在意他人的眼光。

别怕不完美，打破社交中的完美墙

节前导读

具有完美主义特质的社交恐惧症患者更容易陷入不满自我、不满现实的牢笼之中，无法挣脱出来。只有允许自己出错，接纳自己的不完美，才能走出害怕社交的不良循环。

我们都曾犯过错，也曾经表现得不像自己预想中的那么完美。相信很多人都有这样冲动的想法：回到过去，将不完美都一一纠正过来。但这也只是转念间的一个想法而已，对我们的生活并不会产生太大的影响。

但是对具有完美主义特质的社交恐惧症患者来说，这样的想法会时刻萦绕在他们脑中，久久不散，会给他们的日常生活与社交带来很大的干扰。

完美主义者对完美有着一种病态的追求，一旦自己在社交中的表现不那么完美，就会陷入深深的自卑与自责之中，对社交活动产生沮丧心理。而且，他们会觉得别人也像他们一样，无法接受这种不完美，因而给自己施加更大的压力，使自己对社交越发害怕。

要想判定自己是不是一个完美主义者，你可以通过以下问题来自测。

1. 你在工作的时候，如果有人说话或打岔，你是否会注意力被破坏，并且因此而生气？

2. 你在购物时，是否不想理睬促销员，而去找那些你需要的东西然后再做定夺？

3. 你是否对那些行为随便的人感到非常厌恶，并且暗自批评他们对自己的生活太不负责？

4. 你是否不停地想，如果某件事换一种方式来解决，也许会更加理想？

5. 你是否经常对自己或他人感到不满，因而经常对自己或他人所做的任何事都十分挑剔？

6. 你是否经常顾及别人的需求，而放弃你自己的需求和机会？

7. 你是否经常认为自己做任何事都是全力以赴的，却又常常希望自己能够再轻松些？

8. 你是否常常在心里计划今天该做什么，明天该做什么？

9. 你是否经常对自己的服装或居室布置感到不满意而变动它们？

10. 当别人没能一次把事情做好时，你是否会不断地亲自去重做这项工作？

如果你的回答大多是“是”，那么你就离完美主义者不远了。

一位患有社交恐惧症的完美主义者曾经这样描述他的感受——

只要我一想起自己在社交场合中表现出的不完美，我就会感到很有压力。这种感受令我很痛苦，可是我就是无法控制自己这样想。很多时候，我都想把这些不完美纠正过来，想要达到完美，但是我又无法做到。我很痛苦，很纠结，但又不知道自己能做些什么。为了在社交中不再表现出不完美，我只好选择逃避社交……

完美主义者为自己在社交时建了一堵完美的墙，为了不打破它，他们只好不再参与社交。有些完美主义者在鼓起勇气参与社交后，如果不满意自己的表现，便会将这堵墙加固、加高，逐渐使自己远离社交，从而离自己预想中的完美更近一些。但我们都知道，想每一件事都达到完美是不可能的。

那么，具有完美主义特质的社交恐惧症患者应该怎么做才能摆脱社交恐惧症呢?

1. 树立“不完美才是人生常态”的观点

每个人都有自己的长处与短处，我们在做每一件事时也都很难苛求达到完美，对于不完美的人和事，我们应该保持一颗知足的心，要树立“不完美才是人生常态”的观点，允许自己不完美，允许自己出错，接纳自己的错误。

2. 制订符合实际的目标

在做一件事情之前，我们应先制订符合自身实际情况的目标，可以抱着更好的心态完成目标，但不应一味地追求最好、最完美。

接纳自己，允许自己犯错，允许自己不完美，翻过不完美的篇章，你才能成就更好的自己。如果你总是被完美主义的思维所困，处处对自己的过错与遗憾耿耿于怀，那你对未来将更加害怕。

小知识

对于完美主义者来说，避免犯错误最保险的办法就是什么都不做，而这正是他们逃避社交的主要原因。有些完美主义者为了达到完美，在做事时会吹毛求疵，拖延许久，到最后也没有把事情做成，这等于违背了自己心中的完美意愿，导致恐惧情绪越发严重。

不钻牛角尖，进行积极的自我对话

节前导读

一味地朝着消极的方向去思考、钻牛角尖都是不分主次的表现，为了“万一”丢掉了“一万”。改变自己的消极认知方式，进行积极的自我对话，你才能理性地看待自己的社交行为。

你有没有这样一种体验：大脑中有一段旋律一直在播放，但是你怎么也想不起来是哪首歌，于是你焦虑不安，苦思冥想，却徒劳无功；等到某一个时刻，你突然想到了这首歌，心情舒畅。你想要找一件物品，翻遍了整个屋子，找过了所有地方还是没有找到，你确信这件物品丢了，可是在某一天，你发现它就在房间的某个角落……

一直想大脑中的旋律，一直找那件物品，这就是钻牛角尖的体现，对大多数人来说，这只是生活中的一小部分而已。但是社交恐惧症患者大多会以这种极端的思维、钻牛角尖的方式来处理社交。比如，当他们犯了一个小错时，他们会觉得自己犯了弥天大罪，没有理由被原谅，从而朝着消极的方面去预测，去思考。

一位在社交场合因弄脏了白衬衫而在自我介绍时出错的社交恐惧症患者曾经有这样的想法——

我竟然用对方的名字做了自我介绍，这简直不可原谅！我把这场社交活动搞砸了，真是太丢人了。我再也不想去参加什么社交活动了……

社交恐惧症患者经常被消极的思想和情绪困扰，很少与自己进行积极的对话。其实，积极的对话更具有现实性。消极的想法大多是情绪化的，是经过放大的，而积极的想法则是经过深思熟虑的。

而且，积极的自我对话主要用学习者的观点去看待问题，关注的焦点不在于“怎么会发生这样的事”“这事造成的影响有多大”，而在于“我能从中学到哪些东西”“我能做些什么来补救”。

想法决定行为，你大脑中的负面想法会给你带来很大的困扰。因此，处理大脑中的负面想法，与自己进行积极的对话，改变消极认知方式是十分重要的。

拜伦·凯蒂提出了四个问题来处理特定的想法。

★它是真的吗？

★你确定它是真的吗？

★当你相信这个想法的时候，你会做何反应？

★如果没有这个想法，你将会是怎样的人？

当你大脑中出现一些负面想法时，你如果问自己这四个问题，你会惊讶地发现自己的这些想法并不真实，在进行了积极的自我对话之后，你会拨开迷雾，豁然开朗。

小知识

由于社交恐惧已经成了社交恐惧症患者生活中的一部分，消极思维也成了社交恐惧症患者的习惯性思维，因此，有时候很难准确地判断恐惧思想。多问自己一些问题，有助于人们正确地看待自己的处境。

超越自卑，增强你的社交钝感力

节前导读

成长经历中的创伤和阴影会让人变得风声鹤唳，极度自卑，甚至贬低自己。当遭到他人的否定评价时，社交恐惧症患者往往会习惯性地怀疑自己、否定自己。其实，这时候反应慢一点，迟钝一点，未尝不是一件好事。

现在大多数人都在使用微博、微信。当你在微信朋友圈发了一张自己的照片，看到有人点赞、评论，你就会很开心。但若其中有99条夸你的评论，而只有1条批评你的评论，你也许就会觉得这1条评论格外扎眼，使你的心情变得不那么美好。

而有些社交恐惧症患者在面对这些事情时，会将问题归咎到自己身上，他们的想法大多是："这肯定是我的问题，一定是我哪里做得不好，才惹得他这样说我。"可实际上，这也许只是他人的正常反应，并没有针对某个人，而社交恐惧症患者因为自卑，因为内心的极度不自信，对别人的评价表现得过度敏感，使自己在社交中表现得战战兢兢。

美国科研人员曾经进行过一项有趣的心理学实验，名叫“疤痕实验”。

在实验前，心理学家首先征集了10位志愿者，他们被分别安排到没有镜子的房间里，并被告知此次实验的研究方法和目的：心理学家将通过一些化妆手段，将他们化妆成面部有疤痕的人，然后让他们在指定的地方观察和感受其他人对自己的反应。

然后，心理学家请化妆师为每位志愿者化妆，在他们的左脸颊上涂抹逼真的鲜血和疤痕，并让每位志愿者都用小镜子看看自己的面部妆容。

接下来，心理学家收走了镜子，并告诉每一位志愿者，为了让脸上的疤痕更持久，他们需要再在疤痕上涂一些粉末。实际上，他们并没有涂任何粉末，而是用湿棉纱将画出来的血迹和疤痕都擦掉了。但志愿者并不知情，他们仍然觉得自己的脸上有令人讨厌的血迹和疤痕。

志愿者被分别带到了各个医院的候诊室，装成等待治疗疤痕的患者，观察候诊室内人们看到自己的反应。

志愿者的感受很统一，他们普遍认为，这些陌生人对自己都充满恶意，十分厌恶自己，而且总是无礼地盯着自己脸上的疤痕。

甚至有一些志愿者列出了许多证据。

志愿者A说："候诊室里有个胖女人一直用鄙夷的目光看着我……"

志愿者B说："本来有一个中年男子跟我坐在同一个沙发上，但是没多久，他就赶紧离开了，像躲瘟神一样……"

志愿者C说："有两个看起来很有修养的年轻女人一直在偷偷地嘲笑我。如果是两个小伙子，我一定揍他们一顿……"

其实，很多志愿者之所以产生这样的感受，是因为他们内心感到自卑，觉得自己脸上的疤痕是丑陋的，认定自己是有缺陷的，从而在与外界的交往中总是不自觉地寻找证据，以此证实自己的猜想。

如果你也喜欢放大坏事的影响，觉得自己没有什么优点，总是抓着自己的缺点不放，那你就是给自己找不痛快。对他人的言行，我们不妨变得迟钝一些，培养自己的社交钝感力。如果你的内心极其不自信，你不妨寻找他人肯定、赞赏的目光，以此来填补内心的不安。

小知识

没有人会得到所有人的喜欢，由于每个人的经历、视角都不同，人与人之间有分歧是很正常的事情。所以，别急着给自己"定罪"，别急着从自己身上找问题。

延伸阅读　挑战你的焦虑想法

节前导读

那些出现在你大脑中的想法未必是真实的，它们很可能是你放大之后的想法。对自己大脑中的想法提出质疑，经过认真合理的思考后，你会逐渐产生新的想法，帮助自己克服社交恐惧。

对于大脑中出现的一些消极想法，很多社交恐惧症患者在遇到实际情况时还是不知道应该如何应对，如何摆脱消极想法的困扰。本节以社交恐惧症患者大脑中经常会出现的焦虑想法为例，结合拜伦·凯蒂提出的四个问题的思考方式，给出了一些具体的思考方向。

要想摆脱焦虑想法的困扰，社交恐惧症患者的目标就是说服自己。而对自己原有的想法提出质疑是第一步。通过质疑与讨论得出结论，并产生新的、较为积极中肯的想法则是最终的目的。

1. 焦虑的想法：我说话结巴了，犯错了，别人肯定不喜欢我了

第1步：提出质疑。

别人真的会因为我说话结巴，犯了错误，就不喜欢我了吗？

别人说话结巴，犯错时，我不会因此批评他们，不喜欢他们，那他们为什么会因此不喜欢我呢？

第2步：得出结论。

人们在讨论、交流时经常会出现说话结巴的情况，这是很正常的。没有人总是在意这一点。

第3步：应有的想法。

人们在说话时犯错误是很常见的，如果我说话结巴了，纠正过来就好了，没有人会抓着这些小错不放。

即使我犯了错误，人们也不会因此而小瞧我。

2. 焦虑的想法：当我刚走进房间时，所有人都会盯着我看，想找出我身上的缺点

第1步：提出质疑。

人们看着我，真的是为了找出我的缺点吗？

是所有人都在看我，还是只有一部分人在看我？

这些人会看多长时间？

第2步：得出结论。

大多数人都会习惯性地看一看新加入的人，其实，他们并非为

了找出他人身上的缺点。很多时候，很多人的注意力并没有放在我的身上，他们很可能在关注其他的事情。

第3步：应有的想法。

人们盯着刚走进房间的人是很正常的行为，并不是仅仅对我感兴趣，想要批评我。

大多数人的焦点都在自己身上，我的事情不会引起他们长久的关注，我自己能搞定。

我有时候也会盯着别人看，所以被别人盯着看也没什么大不了的。

3. 焦虑的想法：我又胖又矮，人们会取笑我

第1步：提出质疑。

别人真的那么在意我的长相吗？

其他人的生活已经无聊到要操心我的体重、身高了吗？

第2步：得出结论。

很多人的体重、身高都不是自己理想中的状态，如果有人对我的体重、身高有负面反应，我不会把这些放在心上。

第3步：应有的想法。

我不必关心每一个人的反应，只要自己尽量做到最好。

如果我在社交中表现出积极、正能量的一面，人们自然也会对我表现出友好。

别人不喜欢我的体重、身高，那是他们的问题。我并没有犯错，更不必为此而担忧。

对自己原有的想法提出质疑，改变原有的思维模式，正确地认知自我是战胜焦虑想法的关键。请按照这样的方式将自己的焦虑想法填写在下面的表格中，并完成表格的内容。

表5-1　挑战我的焦虑想法

焦虑的想法	
提出质疑	
得出结论	
应有的想法	

当然，一次质疑与新的想法并不会彻底改变你的思维模式，在大多数情况下，你还是会出现对社交感到焦虑、恐惧的想法，因此，进行定期的练习是很有必要的。这样，当你习惯新的想法，习惯新的思维模式后，就不会被自己想象中的社交恐惧打倒，而会从实际出发，勇敢地参与社交活动。

小知识

当人们被焦虑想法包围的时候，人们会倾向于将事情看得比实际情况更消极。所以，在这种消极想法出现之时，我们就应该提出质疑，在对社交场合做出合理评估之后，产生新的应对想法。

第6章 关注内在信念，用适合的方式参与社交

你好

你无法将自己的兴趣、爱好强加到他人身上，

也无法按照他人的价值观去生活。

不要有心理压力

在社交中，每个人都会有自己的舒适地带，

我们一起

在这个地带，他们可以按照自己的心意，

用自己觉得舒服的方式参与社交，不再为了取悦他人而伪装，

嗨

不再与自己的社交原则背道而驰。

社交恐惧症患者同样也可以享受社交，

放轻松

很高兴认识你

不再逃避社交，

关键就在于关注自己的内在信念，找到适合自己的社交方式。

大家好

加油

心理小测试 测测你的内疚程度

在很多情况下，我们都会产生内疚的心理，如果不及时进行疏导，它会对我们的生活产生极大的影响。通过下面的测试，检测一下自己的内疚程度吧！

测试内容

本测试共有37道题目，每道题目均有4个选项，请认真阅读下面的每道题目，并根据自己的实际情况在每道题目前的括号内填上你的答案。

A=不内疚，B=似乎不内疚，C=似乎内疚，D=内疚。

( ) 1. 背叛朋友。

( ) 2. 吃掉别人的东西。

( ) 3. 对朋友的困难不管不问。

( ) 4. 犯错误。

( ) 5. 无法准时赴约。

( ) 6. 因为自己的原因和恋人分手。

( ) 7. 偶然看到恋人间的私密镜头。

( ) 8. 无法兑现自己的诺言。

( ) 9. 偷偷拿父母钱。

( ) 10. 随意翻看别人的日记。

( ) 11. 谎话连篇。

( ) 12. 买了奢侈品。

( ) 13. 弄丢了别人的东西。

( ) 14. 没给老人让座。

( ) 15. 明明不喜欢对方，却和对方有性行为。

( ) 16. 对自己必须做的事情消极怠工。

( ) 17. 自己不开心弄得别人也尴尬。

( ) 18. 给别人增添麻烦。

( ) 19. 因为自己的原因必须辞去社会兼职。

( ) 20. 没有遵守与别人的约定。

( ) 21. 朋友被欺负，自己却无能为力。

( ) 22. 明知道别人多找了钱，自己却没有提醒。

( ) 23. 对别人的帮助不予接受。

( ) 24. 误解了朋友。

( ) 25. 揭朋友的短。

( ) 26. 没经别人同意就用别人东西。

( ) 27. 不努力学习，考试之前过分依赖别人。

( ) 28. 通过某些见不得人的手段获得胜利。

( ) 29. 伤害小动物。

( ) 30. 疏远朋友。

( ) 31. 还未成年就喝酒。

( ) 32. 让别人承受自己的固执造成的后果。

( ) 33. 发现借了别人的东西却忘记归还。

( ) 34. 使用暴力。

( ) 35. 浪费食物。

( ) 36. 父母为自己承受了很大的经济压力。

( ) 37. 无法阻止亲朋好友的死亡。

计分方法

A=1分，B=2分，C=3分，D=4分。

将每道测试题所选答案的分值相加，得出总分即可。

测试结果

得分在37~148分，得分越高，内疚程度越高。测试的平均得分为93分。

发掘自我，与众不同也同样受欢迎

节前导读

社交不是取悦他人，更不是服从他人。你越是敢于坚持自我，就越有可能成为独一无二的个体，越会让人对你刮目相看。所以，发掘真实的自我，勇于展现自己的与众不同，也同样会受人欢迎。

对大多数社交恐惧症患者来说，隐藏在人群中，不被他人看出来，成为其中普通的一员远比与众不同令自己感到更舒服。他们总是担心别人会因为自己的与众不同而对自己“另眼”相看，顾忌他人无法接受自己的与众不同。因而，在与人交往时，他们常用“是的，我也这样觉得”或“嗯”“对”等表示赞同，而不敢表达自己的异议。

越是勇于坚持自我，别人也就越容易接纳真实的我们，从而使社交不再令我们感到疲惫，我们会从中获得满足感，体验参与其中的乐趣。

所以，不要担心他人无法容下自己，向他人展示真实的自我，表明自己的真实感受与想法，这样与他人的沟通也会更加充满趣味，令人回味无穷。

一位社交恐惧症患者曾经这样表达自己的内心感受——

我一直都在做着所谓的“正确的事”，跟随别人做一样的事情，好让自己不被排挤或批评。

我知道，我身上有一些与众不同的特质，有时候我也想将这些特质表现出来，但我并不确定别人是否会因此而疏远我、排斥我。所以我一直都隐藏着自己，尽量不让别人发现我的这些特点。

但是最近，我开始向朋友表达不同的意见，向他们展示我与之前不同的一面。令我感到惊喜的是，朋友们不仅没有疏远我，反而觉得我与他们之间的交往更有趣了，我也更享受这样的社交了。

请你想一想，如果别人对你的意见表达不同的看法，你会是什么感受呢？难道仅仅会排斥对方吗？其实，别人也并不像你预想中的那么小气，那么无法容人。所以，主动表达自己不同的观点，展现自己与众不同的特质，这并不会引起他人过多的反感。

如果你还是无法鼓起勇气，不敢表现出自己的与众不同，那就从小事做起吧！进行一些简单的练习，帮助你发掘真实的自我。

当谈论自己感兴趣的图书时，如果别人都倾向于读经典著作，而你喜欢读刚上架的新书，那么你就可以以此为契机，表达自己的感受，说明自己喜欢读新书的原因，不再习惯性地附和他人。

当他人都在热切地交谈，而你由于无法加入其中感到焦虑时，不妨用适合你的方式与人交往，如用肢体动作（点头、微笑）来回应对方。即使你与他人不同，也并不会让人觉得不自在。

当你褪去那一层保护膜时，别人会惊讶地发现原来你竟如此有趣。发掘真实的自我，让他人接受与众不同的你，社交对于你来说便不再是折磨，而会是一种享受，你在社交中将会收获满足感。

小知识

为自己挺身而出，做自己的英雄，有勇气地表达自己的想法、需求，以真实的自己去参加社交，虽然有时候会违背他人的预期，但这并不会影响你享受社交的过程。

遵从内心，不必违心地取悦他人

节前导读

在与人交际时，遵从自己的内心，不给自己找不自在，才能感受社交的轻松氛围，享受社交的乐趣。如果你因为伪装自己而身心俱疲，也会让他人感到不自在。

在挑选新衣服时，你会选择自己觉得好看的那件，还是会买朋友觉得好看的那件呢？在业余爱好的选择上，你会选择自己感兴趣的，还是会选择那些大多数人觉得不错的呢？

1995年春节联欢晚会的小品《有事您说话》令人印象深刻，引起了大多数人的共鸣。一个平平常常的小人物为了获得领导与同事的认可，打肿脸充胖子，号称自己可以买到火车卧铺票，结果领导与同事都来找他帮忙，而他则要自己排一晚上的队买票，最后甚至花高价买了两张票，为了取悦别人而把自己弄得精疲力尽、疲惫不堪。

对于社交恐惧症患者来说，与人交往是十分耗费心力的事情，如果还要让他们违背自己内心的意愿，在交往中想着取悦他人，不要让他人不快，那么只会使他们在社交中更加力不从心，从而厌恶社交。

对于社交恐惧症患者来说，最好的社交方式不是压制自己的本性，而是遵循自己的内心，与自己的内在力量同行。当然，遵循内心并不表示要回避社交，而是在社交的过程中按照适合自己的方式来参与，不必刻意将自己伪装成善于社交的人，以免这种伪装使自己精力透支。

在与人交往时，社交恐惧症患者可以尝试做以下几点。

1. 不违心地伪装

如果你非要让一个左撇子使用右手吃饭、写字，他们肯定会因此很不悦，甚至崩溃。同样的，如果你非要让一个社交恐惧症患者主动与人交往，非要让他们像其他人一样参与社交活动，那只会让他们耗费更多的精力。

所以，接纳自己，遵从你的内在意愿，用合适的方式参与社交才是正确的选择。如果你想通过伪装的方式给他人留下一个好印象，就会对自己的表现吹毛求疵，好像拿着一个寻找瑕疵的放大镜，不放过自己的每一个错误、缺陷，这只会让你对社交越来越有压力。

所以，不要总是想着伪装自己来讨好他人，如果你不善社交，不妨直接告诉对方：“我有点害羞，但是跟你相处我感觉很愉快。”这样的诚实以待远比你的刻意伪装好得多。

2. 不活在别人的期待里

不从自己的内在感受出发，而从别人的眼光中出发，活在别人的期待里，这是很多人都容易陷入的误区。社交恐惧症患者很在意他人的看法，也看重他人对自己的评价，因此很容易违背自己的内心。

鞋子穿在自己的脚上，合不合适只有自己知道。如果你为了赢得他人口中的“好看”而选择了一双穿起来并不舒服的鞋子，结果你只能为自己的选择买单。根据别人的想法与意愿来选择自己的社交方式，活在别人的期待里，违背自己的内心感受，对你来说，他人眼中的最好未必就是你最好的选择。

总之，不要想着去伪装自己，即使你无法掌控人际交往，也不应该被它牵制，令自己精疲力尽。选择令你感到舒适的交际方式，你会发现社交并没有那么难。

小知识

社交并不是一场拉锯战，没必要比谁表现得更开朗、更热情。只要你选择了适合自己的社交方式，不仅自己会感到自在，他人也会觉得轻松，觉得与你相处没有压力。

划定底线，坚持自己的原则

节前导读

社交中最重要的是以自己的价值观为导向，找到自己重视的东西，并坚定不移地付诸实践，即使这并不符合他人的预期。但优先考虑自己认为该做的事，而不是别人认为你该做的事，这并没有错。

我们每个人做事都有自己的原则，有别人不能触碰的底线。在社交中也是如此。我们参与社交时不应一味地想着要达到他人的预期，而应该坚持自己的价值观。当你以自身的价值观为底线做决定时，即使这个决定不能满足他人的预期，也仍然会为你带来满足感。

如果你想要每个人都喜欢你，不让每一个人失望，那只会将自己置于疲惫之中。即使你像陀螺一样旋转不停，也还是无法做到令所有人都满意。

因此，你不可能获得所有人的认同，一般来说，如果你遇到的人中有80%的人喜欢你，那你就算是社交中的成功者了。所以，不要给自己设定太高的目标，勇于参与社交，勇敢地面对部分人的不认同吧！

对于社交恐惧症患者来说，不被他人认同、拒绝他人是令自己很难接受的，但是他们又不想违背自己的原则，于是便会陷入深深的纠结与挣扎中，对自己的社交能力产生怀疑。

当遇到此类情况时，可以采取以下方法来应对。

1. 制作重要程度排序清单

在生活中，我们也经常会陷入两难的境地。比如，午餐吃米线还是吃打卤面？在社交中我们也会遇到类似的问题，令人难以抉择。比如，陪朋友逛街还是陪孩子？参加行业交流会还是去拜访客户？

如果你经常因为不知如何抉择而纠结，那么不妨将你遇到过或者可能遇到的社交事件按照重要程度制作成一个清单，并对这些事件的重要程度进行评估。这样当你无法抉择时，就可以按照由重要到次要的方法来选择。

清单模板如下表所示。

表6-1　社交事件重要程度对照表

社交事件	重要程度
1. 拜访客户，介绍公司的新产品	★★★★★
2. 参加图书交流会	★★★★
3. 陪伴家人	★★★
4. ……	★★
5. ……	★

当然，你也可以将每个社交事件都按照重要程度打上分，做出更详细的表格，帮助自己做决定。

要注意的是，此表格的作用是当同时面对两件或多件事情，不知道该如何抉择时，帮助你做出较为正确的选择。若两件事情的重要程度没有可比性，当然也就用不到此表格。另外，在不同的情形下，各个事件的重要程度也会有所变化。因此，灵活地运用此表格才有助于你更好地参与社交活动。

2. 采用非当面沟通

当你不满他人的行为，或者想要拒绝他人时，也可以采取非当面沟通的方式。非当面沟通并非回避社交，而是采取一种较为妥当的处理方法。

比如，你可以给对方发微信、短信，或者打电话，这样既不会让对方当场难堪，又坚持了自己的意愿与原则。

但是，采取非当面沟通也存在一些弊端。比如，利用文字沟通时，你无法听到对方的语气，无法看到对方的面部表情，对方也很容易会对你产生误解。

总之，在社交中划定自己的底线，坚持自己的价值观，不随意按照他人的意愿改变自己的原则，你才不会因为他人而丢了自己。即使这些并不符合他人的预期，但这是你的生活，忠于自己才会获得满足感。

小知识

如果你总是以他人为先，不想让他人不满而出现负面情绪，那你只会与自己的内心意愿渐行渐远，毕竟没有人会与你的想法完全一致。所以，与其一味地满足他人，丧失自我，不如想一想你要的到底是什么，然后坚定自己的原则。

了解彼此的类型，享受交往的过程

节前导读

正如你对待社交的看法与他人不同一样，不同人格类型的人对成功社交的感受也有所不同。了解彼此的人格类型，选择适合双方的社交方式，令双方都享受交往的过程，这才算是一场成功的社交。

最怕“空气突然安静”；最怕两人相视无言；最怕明明很想结束话题，却不得不继续聊……对于社交恐惧症患者来说，当社交出现了一点点的瑕疵，他们都会用放大镜将其扩大到无限，甚至不惜否定自己。久而久之，社交就成了他们的噩梦。

其实，除了要弄懂自己的人格类型，在社交中了解他人的人格类型也是很重要的，这可以帮助社交恐惧症患者游刃有余地参与社交，灵活地应对社交活动中的一些突发状况。

内向者喜欢深入地思考、探讨某个话题，那么你在与其交流时，就可以将重点放在一件事情上，与对方进行纵向、深入的交谈。只要一个话题聊得透彻，内向者便会觉得这是一场成功的社交，事后他们对此也会津津乐道。

外向者更喜欢热烈的社交氛围，一旦场面突然安静，他们便会觉得不自在，更容易感到不安。所以，在与他们交往时，话题不断才算是一场成功的社交。当然，这对于社交恐惧症患者来说是很难的，但是你可以用自己的真诚让对方放轻松。比如，告诉对方：“我很喜欢跟你待在一起，我的话本来就不多，所以你不要多想。”

当然，不论是与内向者还是与外向者相处，长时间的沉默都是不可取的，你还要掌握一些闲聊的技巧，使你的社交不再沉闷。

1. 精选几个话题

要想让社交有品质、有内容，最有效的方法就是精选聊天的话题，在较少的话题上聊出较多的内容。如果你们的交流只停留在一个话题的表面，那么这场社交并不会让你获得有用的知识或信息，而你总是会费劲地寻找下一个话题，从而使自己身心俱疲。

因此，精选几个话题，围绕这些话题进行更深、更广的交谈，无疑会在精神与情感层面给双方带来很大的满足感。而对你来说，最重要的是社交不再意味着压力，不再令你感到恐惧。

2. 学习一些接话技巧

有时候，一句简单的话会引起对方的长篇大论，如果你可以将聊天话题引到一个有趣的轨道上，那么对方就会沿着这个轨道行驶，给你们带来一场愉快的交流体验。如果你也害怕社交，不知道该如何参与社交，不妨学一学这些聊天金句，帮助你顺畅地接话，并开启下一话题。

常见的接话技巧如下：

“为什么啊？怎么会这样呢？”

“说起来，我也经历过类似的事情……”

“这是怎么一回事呢？”

“听说你……给我说一说这件事吧！”

“这件事对你现在的生活有什么影响吗？”

总之，了解彼此的人格类型，用自己习惯的、对方也觉得舒服的方式参与社交，才会实现社交双赢，避免因为沟通不畅而引起误解，让双方都喜欢上社交。

小知识

与寡言少语、经常沉思的人待在一起时，外向者更容易感到焦虑不安。因为他们无法了解对方到底在想什么，这种疑惑与无奈感会滋生他们的焦虑情绪。

延伸阅读 屏蔽过度刺激，设置社交防护

节前导读

过多的社交活动或刺激会让我们不堪重负，需要很久才能恢复常态。因此，减少过量的人际交往，屏蔽过度的刺激，为自己设置社交防护，让自己在可以接受的范围内参与社交活动，才是正确的做法。

如果你对唱歌有恐惧心理，担心别人嘲笑你，那么当有人邀请你一起去KTV唱歌时，你大多会严词拒绝。即使你到了KTV，往往也只会当听众，不会参与其中。

社交也是如此。如果你为了战胜自己的社交恐惧，不断地参与社交活动，不给自己预留恢复精力的时间，那只会让自己疲惫不堪，使自己对社交更觉得有心无力。

所以，给自己预留一些时间和空间，屏蔽过度的刺激，为自己设置社交防护，你在社交中的表现会更好。

那么，应该如何建立社交防护呢？

1. 控制信息摄入量

我们一天只有24小时，没有精力去了解世界上每时每刻发生了哪些事。在日常社交中，我们也不必去了解每一个人，去跟每一个人进行深入的交流。

我们只需要了解近期的要闻大事，与自己生活或工作中有较多交集的人交流就够了。时间成本是固定的，我们想了解的事情越多，想要交往的人越多，那么分配给每件事、每个人的精力就越少。如果在一件事、一个人身上所花的精力不足，那么就很难达到自己的目的。

所以，与人进行高质量的社交，这才是我们应该做的正确选择。

2. 运用小工具设置屏障

相信很多社交恐惧症患者都有这样的经历：出门前一定要戴上耳机、墨镜、帽子等可以将自己与外界隔绝的东西，从而有效地逃避社交。

对于大多数社交恐惧症患者来说，试图采取这些行为来逃避社交是不可取的，对于克服社交恐惧也没有帮助。但是，对于那些过度参与社交的人以及被各种社交问题困扰的人来说，这的确是很好的办法。

如果你的精力在几次社交活动中接近耗尽，那么不妨将自己武装起来，戴上耳机，戴上帽子，为自己设置保护屏障，为内心寻找一方安宁，让那些还想继续烦扰你的人知难而退。

当然，很多时候我们并不能屏蔽某些过度刺激。比如，许久不见的朋友相约一起出去玩，大学同学相约聚会，或者参加行业交流会等。此时，你可以在有主动权的情况下选择那些既有意思又不刺激的活动，减少这些新鲜刺激给自己带来的精力损耗。

小知识

空闲时间是用来恢复精力、汲取能量的，如果有人要占据你的空闲时间，消耗你的精力，让你去参加更多对你来说无意义的社交活动，那么及时止损不失为一个明智的选择。

第7章

正视恐惧，提高社交适应力的心理疗法

你好

社交恐惧症患者害怕参与社交，

害怕与人交往，更多是不健康的心理在作祟。

不要有心理压力

因此，社交恐惧症患者只有转变自己的自动化思维模式，

我们一起

改变条件反射般的行为模式，重新认识自己，

嗨

正视社交恐惧，

逐步建立自信，才能提高自己的社交适应力，

放轻松

使自己走出社交恐惧症的阴影。

很高兴认识你

本章主要介绍克服社交恐惧症的五种心理疗法：

大家好

森田疗法、暴露疗法、认知行为疗法、系统脱敏法和正念疗法，

帮助社交恐惧症患者提高社交适应力。

加油

心理小测试 评估你对他人的惧怕程度

你在什么场合中会感到不适呢？你会逃避哪些社交场合呢？在这些社交场合中你对他人的惧怕程度是怎样的呢？

请根据自己的实际情况，在0~3分的范围内给出你的分数。其中，第二列为你在这些场合中的不适程度，第三列为你逃避该场合的倾向指数。

如果有些场合你未曾遇到，那么就想象一下自己在遇到这些场合时会做出的反应，将下表填写完整。在你完成这个测试后，相信你对惧怕他人的情况会有一定的认识。

测试内容

表现程度的计分标准如下。

我在该场合中：

0=没有任何不适，1=轻微不适，2=非常焦虑，3=极其恐惧。

我逃避该场合：

0=从不，1=很少，2=经常，3=一直如此。

表7-1　社交场合惧怕指数评估表

场合	表现程度	
	我在该场合中	我逃避该场合
1. 当众发言（演讲、陈述等）		
2. 向对你来说很重要的人吐露心声		
3. 参与讨论并表达观点		
4. 看电影、喜剧或听音乐会时，要求某个高声谈论的人保持安静		
5. 你正在做事（打字、缝补等），有人看着你		
6. 你去参加晚会，但认识的人寥寥无几		
7. 给重要的行政机构（省政府、人力资源和社会保障厅等）人员打电话		
8. 向要求你提供服务的人说“不”		
9. 遇见某个身份显赫或身居要职的人（名人、老板等）		
10. 与你不认识的人交流		
11. 当着他人的面睡觉、吃饭、喝水或行走		
12. 退换商家已经售出，但不适合你的商品		
13. 参加口语考试、能力测试或招聘面试		
14. 和邻居或商贩闲话家常（天气等）		

计分方法

将第二列的14个分数相加，即焦虑指数。焦虑指数在0～42分。

将第三列中的14个分数相加，即逃避指数。逃避指数在0～42分。

将焦虑指数与逃避指数相加，即惧怕程度指数。惧怕程度指数在0 ~ 84分。

测试结果

得分在10分及以下：在他人面前，你从不会感到不适。

得分在11~29分：在面对他人时，你会感到轻微的恐惧或焦虑。有这种反应是正常的，但很可能会影响你的社交关系。

得分在30~50分：你很害怕面对他人的场合，并因此感到痛苦，你需要解决一下社交恐惧症的问题了。

得分在51分及以上：你在与他人的交流中非常焦虑、恐惧，你的生活也因此受到了影响，建议你寻求心理医生的帮助。

森田疗法：尊重现实，与人顺其自然地交往

节前导读

森田疗法是由日本心理学家、精神科医生森田正马创立的，这种疗法遵循的是“顺其自然，为所当为”的原则，引导社交恐惧症患者在尊重现实、接受现实情况的基础上与人自然地交往。

“他强由他强，清风拂山岗；他横由他横，明月照大江。他自狠来他自恶，我自一口真气足。”这是电视剧《倚天屠龙记》中的一段话。在六大门派围攻光明顶之时，张无忌为救众人，甘心领受灭绝师太三掌，他在前两掌被打到吐血后，猛然悟出了这段话的含义，并经受住了第三掌，化解了灭绝师太之掌的力道。

森田疗法与这种武功心法有异曲同工之妙，其倡导“顺其自然，为所当为”，这就是我们常说的既不硬碰硬，也并非不作为。

社交恐惧症患者因为社交恐惧而出现的各种症状就像感冒时出

现的发烧、咳嗽等，感冒时出现这些症状是很正常的，并不会引起我们强烈的抵触情绪，但是由于社交恐惧症患者并没有与社交恐惧和平共处的经验，不知道该如何应对社交恐惧，因而在陷入其中时会十分痛苦。森田疗法注重引导社交恐惧症患者接受现实，以一种自然的状态应对自己出现的各种社交恐惧症状。

采用森田疗法治疗社交恐惧症时，主要的治疗原则有以下几点。

1. 放眼当下，注重现实

森田疗法认为社交恐惧症患者的某些表现是在生活中遇到某些偶然因素形成的，出现这些症状未必是坏事。比如，细菌或病毒在人体内引起感染时，机体会通过发热（即我们常说的“发烧”）使新陈代谢功能增强，调动机体的防御力量。同样的，这些社交恐惧心理症状也是一种防御机制，是对自身心理系统的一种保护。

森田疗法注重“现实原则”，引导社交恐惧症患者将注意力放在当前，不过于纠结过去的经历，如在社交中表现得如何糟糕，过去的经历令人多么失望，而应该注重如何开始新的生活。

2. 顺其自然，接受情绪

所谓“顺其自然”，指的是将社交恐惧症状及负面情绪当成一种自然的状态，并接受这种症状与情绪。也就是说，对于社交恐惧症患者来说，出现社交恐惧的症状与相应的负面情绪是他们的自然状态，而对于非社交恐惧症患者来说，不出现此类症状与负面情绪则是自然的状态。

森田认为，应该让社交恐惧症患者怀着顺其自然的心态，接受消极的情绪与体验，将自己的心思集中于应该做的事情上，而不是自己出现的各种症状上。

因此，当出现负面情绪时，接受这种情绪，不要恐慌，与这种情绪和平共处，像普通人一样自然地生活，将其看成是感冒时的发烧、咳嗽，才能引导自己的想法与情绪朝着好的方向发展。

3. 为所当为，并非不作为

所谓“为所当为”，指的是做你应该做的事情，通过行动来改变现状，缓解社交恐惧所带来的症状。就像不能因为发烧难受就不吃饭、不睡觉，患者因为社交恐惧症而身心俱疲时也应该维持自己的正常生活，即像正常人一样生活、工作和社交。

森田疗法引导患者与社交恐惧症自然地相处，不再将其看成可怕的敌人，不再排斥、过度关注自己的心理症状，而是带着紧张等情绪像正常人一样交往，使这些社交恐惧的症状在不知不觉间消失。

小知识

森田疗法在治疗强迫症、社交恐惧症、惊恐发作、抑郁症等方面都有疗效。森田疗法也在随着时代变化不断地继承与发展，已经扩展至精神失常、人格障碍、酒精药物依赖等方面的治疗，对提高人们的生活适应性和生活质量也有一定的启示。

暴露疗法：将恐惧暴露于社交情境之中

节前导读

战胜社交恐惧如大禹治水，堵不如疏。将社交恐惧症患者暴露于恐惧的情境之中，让他们在想象或者真实的情境中进行训练、体验，会逐渐减缓他们的恐惧情绪。

暴露疗法包括真实暴露训练与想象暴露训练两大类。其中，真实暴露训练指的是使社交恐惧症患者进入令自己感到恐惧的社交情境中，想象暴露训练指的是社交恐惧症患者想象自己正置身于害怕的社交情境中。

通常来说，真实暴露训练能更有效地减轻社交恐惧，而且，这种方法也可以帮助一些在进行想象暴露训练时有困难的人。而想象暴露训练可以作为进入真实暴露训练之前的铺垫，帮助人们做好心理准备。另外，当人们害怕的社交情境在现实生活中很少出现时，要进行真实暴露训练就比较困难，此时，想象暴露训练就会派上用场。

采用暴露疗法治疗社交恐惧症，关键是要将社交恐惧症患者的恐惧暴露出来。主要训练方法包括以下三个步骤。

1．社交前：暴露在想象的社交情境之中

对于你害怕的那些社交情境，不要急着去这些真实的情境中体验，而可以先在大脑中想象自己置身于该情境中。当你对大脑中想象出来的社交情境不再感到十分恐惧时，你就可以尝试着将自己暴露于真实的社交情境之中了。

比如，你很害怕在人多的公众场合演讲，担心自己会结巴，会出错。而在现实生活中，这种情境出现的概率是很低的，甚至根本不会出现。那么你就可以在大脑中一遍又一遍地想象这种社交情境，想象自己对着很多人在演讲，慢慢地你就不会再害怕这种场景了。即使这种情况真的出现了，你也会因为在大脑中进行过多次演练而不再怯场。

2．社交中：暴露在真实的社交情境之中

将自己暴露于真实的社交情境之中，即使自己对这些社交情境有恐惧心理，想要逃避，也要直面恐惧。

比如，虽然你在有很多陌生人的场合会感到不自在，但在进行真实暴露训练时，你可以通过参加同学婚礼、朋友聚会等方式来控制自己的焦虑与恐惧情绪，让自己在真实的社交情境中体验恐惧。

3. 社交后：对自己的表现进行评估

在社交后，你可以对自己在社交中的表现进行评估，看看自己是否完成了预期的目标，自己实际的表现是否比想象中的好。对自己在社交中的正向体验给予肯定，并想一想如何将这些应用到其他类似的情境之中。

当然，如果训练情境过于困难，你很难一下子克服，那么不妨从简单的开始。当你可以轻松地应对一些简单的训练情境后，再逐渐加大难度，进行进一步的暴露训练。

运用暴露疗法战胜社交恐惧症并非易事，需要经过长期的暴露训练。因此，你应该提前做好暴露训练计划，并随时根据自己的情况对计划进行改动，从而帮助自己灵活地应对社交情境。

小知识

在采用暴露疗法治疗的过程中，社交恐惧症患者很可能在恐惧的刺激下陷入恐慌状态，如出现心悸、胸闷、手脚颤抖、脸色发白等症状，甚至晕厥。因此，寻求家人与朋友的帮助，将恐惧控制在一个合理的范围内是很有必要的。

认知行为疗法：打破固有思维，战胜社交恐惧

节前导读

认知行为疗法是由贝克在20世纪60年代发展出的一种心理治疗方法，其主要着眼点在社交恐惧症患者不合理的思维方式和行为模式上，即治疗中要纠正他们错误的社交认知，帮助他们转换思维与行为方式。

认知行为疗法是结合了认知治疗与行为治疗的一种心理治疗方法，通过改变个人的思维与行为模式来减少失调情绪与行为，帮助人们逐渐面对社交恐惧情境，建立对恐惧的应对能力。

认知行为疗法认为，人的情绪来自人们对遭遇的事情的想法与评价，并非来自事情本身。

认知、行为和情绪是一个铁三角，是互相联系、互相影响的。认知是我们的思维方式，是我们在经历中所获得的经验；行为是我们的表现方式；情绪则要与一定的认知、行为相匹配。情绪与行为

反应是以认知为媒介的。

正确的认知会带来积极的情绪与行为，积极的情绪与行为又反过来支持正确的认知，并由此形成良性循环；反之，负面的认知会带来消极的情绪与行为，而消极的情绪与行为又会反过来作用于负面的认知，使负面认知更加扭曲，形成恶性循环。

使用认知行为疗法治疗社交恐惧症，在于引导社交恐惧症患者对自己的思维系统进行修正，并通过一些行为训练降低患者对社交的恐惧情绪，使其有精力、有能力面对社交。

认知行为疗法在治疗社交恐惧症时，重点主要有以下三点。

1. 识别社交恐惧的来源

识别社交恐惧的来源，即了解自己为什么会患上社交恐惧症，以及社交恐惧到底是怎么来的。

在这一阶段，主要是列出令自己感到恐惧的场景，并根据自己的主观感受对这些恐惧场景打分，评估自己对这些社交场景的焦虑指数与回避指数（评分为0～100分）。如下表所示。

表7-2　对相关社交场景的焦虑指数与回避指数

社交场景	焦虑指数	回避指数
1. 在公开场合讲话	90	90
2. 大家都注视着我	75	70
3. ……	……	……

2. 挑战自动化思维

这一阶段的主要任务步骤为：第一，察觉负面思维；第二，挑战自动化思考模式；第三，认知重建。

社交恐惧症患者总是习惯性地朝着负面的方向思考，负面的认知又会引起负面的行为与情绪，加重他们对社交的恐惧程度。而挑战这种自动化的思考模式，可以帮助他们改变自己消极的思考方式，进一步改变自己的情绪与行为。

社交恐惧症患者经常出现的负面思维有以下几种类型。

表7-3 社交恐惧症患者经常出现的负面思维的类型

负面思维类型	思维阐述	常见想法举例
非黑即白的想法	认为事情非黑即白，在看待事情时只会二选一	“像明星一样好看才算是有吸引力，我这样的人真是毫无魅力。”
预设负面结果	认为不好的事情一定会发生	“别人一定看出了我的紧张，肯定觉得我是个很没用的人。”
否定正向体验	认为那些正向的体验、行为都是不算数的	“这次社交顺利主要是因为对方善良、友好，并没有我的功劳。”
情绪化推论	将自己的想法强加到他人身上	“我觉得自己很愚蠢，其他人也一定这样看我。”
以偏概全	把注意力放在负面事情上，忽略正向部分	“有一个人对我态度不好，看来我并不适合参加此类社交活动。”
读心术	认为自己知道别人在想什么，其实这些想法并不客观	“朋友刚才看了我一眼，但没有跟我聊天，他一定觉得我很无趣。”
高估自己	对于自己应该做什么、怎样做，都有过高的期待	“我应该是完美的，是不会犯错的，一旦犯错我就完蛋了。”

这些负面的想法会让社交恐惧症患者越发焦虑，更加害怕社交，妨碍他们的人际关系。因此，认清这些负面想法，并找到证据对这些想法进行反驳，是改善自身境遇的主要方式。

常用的反驳问句形式如下：

- ★“我能确定是这样吗？我的想法是100%符合实际情况的吗？”
- ★“我有什么证据吗？”
- ★“这件事是不是还有其他的可能性呢？”
- ★“朝着好的方向去思考，我还可以有什么样的想法呢？”

当社交恐惧症患者开始质疑自己的自动化思维，大脑中出现了其他较为积极的想法时，就开启了认知重建的第一步。然后通过正面的强化，就可以让他们逐渐改变自己的负面思维模式。

3. 行为训练

这一阶段主要是通过进行放松练习缓解社交恐惧症患者的焦虑反应。这一阶段的放松训练主要包括以下三步。

（1）缩小注意范围

即只关注自己当下正在做的事情，不要总是注意别人的想法和现场情境，对与当前所做事情无关的内容不予理会。比如，在演讲时将注意力集中在演讲内容上，而不是听众的表情、反应，更不去揣度别人的内心想法。

（2）调整呼吸

调整呼吸对于人们的身心有很大的影响。均匀、缓慢的深呼吸可以使身体细胞充分吸收新鲜的氧气，让自己的身体与情绪都得到放松。

（3）放松肌肉

放松肌肉的方法有很多，在刚开始练习时，可以从身体的某个部位开始。比如，从左脚开始，一边将注意力放在脚上，一边进行均匀的深呼吸，让脚自然放松。然后再放松左腿的肌肉，接着是右脚、右腿、臀部、腰部、背部、腹部、颈部等，配合呼吸，让全身肌肉都逐渐放松。

练习这些放松的技巧，让身体进入自动化的放松模式，这样当社交恐惧症患者在社交场合感到紧张、焦虑时，就可以通过这种方式来放松，从而减缓自己对社交的焦虑和恐惧情绪。

值得提醒的是，认知行为疗法中的行为训练也可以与暴露疗法相结合，通过暴露的方式来强化社交恐惧症患者的行为，帮助他们克服社交恐惧。

小知识

负面的自动化思考是负面的，更是不符合逻辑、不符合实际情况的，是对自己、他人或世界的不合理猜测。因此，识别并质疑这些负面想法，是改善社交恐惧和焦虑的主要方式。

系统脱敏法：通过逐渐地刺激提高社交能力

节前导读

系统脱敏法先让社交恐惧症患者进行放松，然后由弱到强地对其进行社交刺激，使其在循序渐进的社交刺激中逐渐获得适应性行为，提高其社交能力，从而摆脱社交恐惧的困扰，突破社交恐惧症的围墙。

系统脱敏法，又称交互抑制法，是由美国学者沃尔帕创立和发展的。系统脱敏法教给人们某种放松的方式，然后由弱到强地向人们展示令其感到有威胁的客观事物或情境，从而使引起人们恐惧或焦虑的社交情境逐渐丧失其对人们的影响，使得人体逐渐“脱敏”，达到抑制恐惧情绪的目的。

古人也曾经用过系统脱敏法来进行治疗。比如，《儒门事亲》一书中记载了这样一个故事——

卫德新的妻子出行时，在一家旅舍住宿，当天夜里碰到盗贼洗劫。卫夫人因此受了惊，之后一听到声响，便会受惊昏倒，不省人事。从此，家人都不敢贸然弄出声响。

几年过去了，一个名叫张从正的大夫治好了她的病症。

在诊断后，张大夫让两个侍女将卫夫人按在椅子上，并用木头猛敲桌子，卫夫人很害怕。张大夫说："我用木头敲桌子，有什么可害怕的呢？"卫夫人听了这话后，安定了下来。张大夫继续用木头敲桌子，卫夫人不像刚才那么害怕了。接着，张大夫又用木头敲门，又暗中让人去敲卫夫人背后的窗子。卫夫人慢慢地从惊恐中平定下来。

接下来的几天，张大夫让人一直去敲卫夫人卧房的门窗。过了两个月，卫夫人即使听到打雷声也不害怕了。

这个故事中的张大夫所采用的就是系统脱敏法，通过对患者进行循序渐进的刺激，帮助患者减少恐惧情绪，从而达到治疗恐惧症的目的。

采用系统脱敏法治疗社交恐惧症，在保持身心放松的前提下，应按照以下三个步骤进行。

1. 划定恐惧等级

对令自己感到恐惧的社交情境进行等级的划定，并根据这些社交情境对自己的刺激强度进行排序。

2. 想象脱敏训练

挑选最低等级的社交情境，想象自己置身于此类情境中的感受。当感到紧张、恐惧时，便立即停下来进行放松，然后等准备好的时候再进行想象训练。

当对这一等级的社交情境不再感到焦虑时，便可以进入下一等级的想象训练。如果在某一等级的训练中表现出强烈的恐惧情绪，则可以返回上一等级，重新进行训练。

3. 现实训练

当想象训练的各个等级全部通过时，就可以进行现实训练了。在这个阶段，仍然要从最低等级的社交情境开始，逐渐进行脱敏训练，直到不出现强烈的情绪反应为止。

通过这样循序渐进的系统脱敏疗法，社交恐惧症患者能逐渐适应这些社交情境，对社交场合的适应能力和承受能力也会有所提升，从而逐渐告别社交恐惧症。

小知识

系统脱敏法的主要理论基础是学习理论，即人们可以通过学习矫正那些不良的、不适应的行为，从而获得适应性行为。

正念疗法：调动觉知，有意识地觉察当下

节前导读

正念疗法着重于让社交恐惧症患者以正念为中心，使用自己的觉知能力，有意识地觉察当下，而不再受制于那些习惯性的思维与行为习惯。通过放松与思考，为自己的社交注入新的想法。

“正念”一词，最初来源于佛教，是一种修行方式，强调有意识、不带评判地察觉当下。西方心理学家和医学家提炼出了正念的概念和方法，并结合心理学的知识，发展出了以正念为基础的心理疗法。正念疗法对遭受社交恐惧症困扰的人们非常有效。

正念是对生活中的每个时刻、每件事情都保持觉知，既不评判，也不试图改变，而是将注意力放到观察自己看待事物的方法以及做事的方式上。

社交恐惧症患者对他人出现的社交行为会按照自己一贯的反应

方式来进行反应，一次次地重复自己的自动化思考与行为模式。即使这些思考方式与行为模式不符合实际情况，是他们的主观想法，他们也并不会有所觉察。

而通过正念练习，社交恐惧症患者可以将觉知转向内在，可以改变自己的想法与感觉之间的关系，而不再受困于这一模式之中。

比如，他们会清醒地认识到自己的那些负面想法并不都是真实的，自己在社交活动中所表现出来的那些情绪与行为也大多是自己根深蒂固的习惯所致，而并非全都是自己内心真正的想法。

再如，他们会更加深入地认识自己，改变以往对自己的极端看法，认识到一些不足也是自己的一部分特征，并不能代表全部的自己。

进行正念训练，应遵循以下几个原则。

1. 关注当下

社交恐惧症患者总是习惯忽略现在，而着重于思考过去和未来，并会为过去的糟糕表现而感到头疼，也会为难以预测的未来预设出消极的结局，认为自己无法在社交场合中正常表现，一定会给人留下不好的印象。这种过度的担忧使他们更加排斥参与社交。

而正念训练就是让社交恐惧症患者关注当下，关注眼前，过去的就让它过去。无论是与同事的矛盾还是与朋友的争吵，在进行正念训练时都要被抛到脑后。关注此刻自己的感受，让自己重新开始，不再被这些过去的社交矛盾所困扰。

2. 不评判

在遇到一些事情时，我们总是会习惯性地发表自己的看法，对某些事、某些人进行一番评判。在社交活动中，人们也会找出多个值得评判的点，给予好或坏、对或错的评判。

而进行正念训练，社交恐惧症患者就不再主观评判事情的好坏，而只是关注事情本身，然后如实地接纳这个事实。这样，他们就不会因为某些事情是否发生、自己的表现是否恰当而产生极大的心理波动。

3. 不强求

你有没有过为了找手机翻遍了书包，却发现自己正在拿着手机打电话？你有没有过在厨房里为了找到那一包方便面乱翻，直到家人提醒方便面就在你面前的架子上？当我们强求时，便很容易忽略自己眼前的东西；而不强求时，你就会发现另一个出口。

所谓不强求，指的是既不强求他人，也不强求自己，即在与人交往时，不强求他人如何对待自己、看待自己，也不强求自己改变到什么程度。有时候强求反而会影响目标的实现，放弃对最终结果的期待，使自己在社交中向前迈进。

在正念练习中，社交恐惧症患者会关注自己当下的思绪，调动自己的内在感觉，感受自己的内心感觉，从而选择自己的回应方式，而不是条件反射般地做出决定，不再完全地受自己的自动化思维与行为模式支配。

小知识

研究表明，正念疗法中的正念减压疗法能够显著地降低社交恐惧和焦虑。正念减压疗法减少了负面评价、消极的自我信念，也会降低杏仁核的反应，降低人们恐惧、焦虑、愤怒等情绪的敏感性。心理学家戈尔丁博士认为，正念减压疗法可以通过改善自我调节能力，提高重新诠释社交情境意义的能力，使情境不再那么令人感到不安。

延伸阅读　放松也是需要学习的

节前导读

没有人能永远保持放松状态，也很少有人能够在紧张的状态下自如地放松。学习放松的技巧，成为自己的主人，可以让我们在社交中改善负面情绪，释放自己的紧张与压力。

紧张、焦虑、恐惧等情绪会让人精神紧绷，引发身体的疲惫、疼痛、不适等，而放松可以让人积蓄精力，让疲惫与萎靡一扫而光，使人有精力、有心情去面对生活中的其他事情。但是对大多数社交恐惧症患者来说，放松并不是一件自然而然的事情，他们也并不擅长放松。

放松也是一个生活技巧。人就像是橡皮筋，如果一直处于紧绷状态，就很容易绷断，或者失去弹性，而适时地放松，则有助于人们恢复如初。

常见的放松方法主要有以下三种。

1. 放松呼吸法

当人们感到紧张、焦虑的时候，呼吸频率会加快，这可能会引起头晕、手脚麻木等症状，而放松呼吸法可以帮助人们控制这些症状。

放松呼吸法的练习方式如下。

找一个安静的、令自己感到舒适的地方，坐下或者躺下，使背部、脖子有良好的支撑。

闭上眼睛，用鼻子呼吸，将注意力集中在呼吸上。

每一次吸气时，让肚子鼓起 2.5 厘米左右；每一次呼气时，肚子回到正常位置。

在吸气、呼气后暂停1秒钟，进行缓慢、放松的呼吸。

伴随着每一次呼气，想象紧张、不安等都从身体里释放了。

每次练习持续10分钟左右。

经过几次练习之后，很多人都可以学会这种技巧。放松呼吸法除了简单易学外，还有一个优点——便于操作，而且不易被人察觉。不论是在超市、公交车站，还是在朋友聚会中，你随时随地都可以进行呼吸练习。

2. 渐进式肌肉放松法

当我们在紧张的状态下是很难得到放松的，而无法放松就会使原本紧张的肌肉更加紧张，甚至让人觉得失控，如控制不住地颤抖。因此，练习让肌肉放松，舒缓紧张的情绪，可以帮助人们在紧张或恐惧时释放压力。

这一练习方法的关键是先绷紧肌肉，体验紧张的感觉，然后再放松肌肉，将注意力集中到身体放松之后的感觉上。在练习的过程中，可以一点一点进行。比如，先进行左手的握拳—松开练习，反复两次，再进行右手的握拳—松开练习、肩膀的上提—放松练习等。

在进行这种放松训练时，不要急于求成，给自己留出足够的时间，循序渐进地练习。当你可以自如地控制身体的肌肉时，在社交场合中你就可以在任何时候通过放松肌肉使身体得到放松。

3. 想象放松法

想象放松法，指的是用想象来构建出令自己感到放松的情境。你觉得什么样的环境对你来说是最舒适的、让你感到最放松的，你就可以想象自己置身于这个情境之中。当然，你也可以根据自己的心境改变这个场景。当你因为社交而感到焦虑或者为自己曾出现的社交行为感到后悔时，不妨把自己带入这个放松的场景中，使自己不再纠结于此。

总之，熟练地掌握其中的一种或者多种放松方法对你释放压力，消除负面情绪有很大的帮助。当然，这几种放松方式并不冲突，你也可以同时运用其中的两种或者三种放松方式，以达到最好的放松效果。

小知识

放松不仅是一种技能，更是一种态度、一种习惯。学会放松，我们就可以淡定从容地应对社交与生活中的紧张感。

第8章

融入社交圈，在实践中走出恐惧的阴霾

你好

我们都知道实践出真知，

因此，不要让克服社交恐惧成为光说不练的假把式。

不要有心理压力

要想克服社交恐惧，除了自己下定决心外，

我们一起

还需要朋友与家人的帮助和支持，

需要在社交活动中磨炼自己的能力，

嗨

更需要掌握一些社交技巧来增强自信。

因此，不要封闭自己，试着融入社交圈，

放轻松

很高兴认识你

在社交实践中感受社交的魅力，

走出社交恐惧的阴霾。

大家好

加油

心理小测试 测测你对否定评价的担忧程度

每个人都渴望得到别人的肯定，希望得到他人正面的评价，同时，也惧怕被别人否定，担心别人对自己给出负面的评价。

你对否定评价的恐惧程度如何？通过下面这个小测试，就可以一探究竟。

测试内容

本测试共30道题目，每道题目均有5个选项，请认真阅读题目，并根据自己的实际情况作答。在每道题目前的括号内填上你的答案。

A=完全不符，B=较为不符，C=不确定，D=非常相符，E=极其相符。

（ ）1. 我极少担心在别人眼里自己显得很傻。（R）

（ ）2. 我担心人家会怎样看我，尽管我知道这并不要紧。

（ ）3. 如果知道了有人在对我评头论足，我会十分紧张不安。

（ ）4. 即使知道人们正在形成一个对我不利的印象，我也不

在乎。（R）

（ ）5. 当我在社交中出了差错，我会非常不愉快。

（ ）6. 我不怎么担心重要人物对我的看法。（R）

（ ）7. 我常常害怕自己会显得滑稽可笑或很傻。

（ ）8. 我对别人的不赞同几乎无反应。（R）

（ ）9. 我经常害怕别人会注意到我的短处。

（ ）10. 别人的否定对我几乎没有影响。（R）

（ ）11. 假如有人在评价我，我很容易想到最坏的评价。

（ ）12. 我几乎不操心自己给别人留下什么样的印象。（R）

（ ）13. 我害怕别人会不赞同我。

（ ）14. 我害怕别人会发现我的错处。

（ ）15. 我并不会为别人对我的看法而烦心。（R）

（ ）16. 假如没能让某人欢心，我可能会无所谓。（R）

（ ）17. 当我同别人谈话时，我担心他们会怎么看我。

（ ）18. 我觉得一个人在社交中出点差错不可避免，不必为此发愁。（R）

（ ）19. 我通常总是在担心自己究竟给别人留下了什么印象。

（ ）20. 我很担心我的上司是怎样看我的。

（ ）21. 我知道有人正在评价我时，我一点也不在乎。（R）

（ ）22. 我担心人们会认为我是无用之人。

（ ）23. 我对大家是怎样看我的几乎完全不担心。（R）

（ ）24. 有时我太在乎别人对我的看法了。

( ) 25. 我常常担心我会说错话或做错事。

( ) 26. 我对别人对我的看法通常不关心。（R）

( ) 27. 我一般自认为别人对我有好印象。

( ) 28. 我总担心那些对我很重要的人不会总是想到我。

( ) 29. 我因朋友对我的看法而不开心。

( ) 30. 如果知道我的上司正在评价我，我会变得紧张不安。

计分方法

本测试的题目分为正向计分题和反向计分题两种，其中，标注有（R）的为反向计分题，其余为正向计分题。

正向计分题中，5个选项“A、B、C、D、E”分别按1分、2分、3分、4分、5分计分；反向计分题中，则按5分、4分、3分、2分、1分计分。

将各题得分相加，得出总分。

测试结果

本测试的总分范围为30~150分，惧怕否定评价的程度随着分数的增加而提高。30分表示惧怕否定评价的程度最低，150分则表示惧怕否定评价的程度最高。

自我表露，用言语和非言语表达自己的感受

节前导读

即使你不善言辞，不善社交，你也可以用倾听与回复，目光接触，微笑等方式作为自己的交际手段，表达自己的情绪与感受，让对方接收到你的信息，感受到你的友好。

我们不是天生就会游泳、滑雪、打乒乓球的，都是在不断的锻炼与学习中逐渐掌握这些运动技巧的。其实社交能力也一样，我们也可以通过锻炼使自己变得善于交际，成为享受社交的一员。

很多社交恐惧症患者往往难以与他人接触，在与人接触时不知道该如何表达自己的感受，多数时候他们的言行给人一种冷漠、疏离之感。因此，学着用言语和非言语等方式来表达自己的感受，试着让自己融入社交圈，让对方明白你的感受，同样你也会获得对方的反馈，而不仅仅是你的凭空猜测。

很多社交恐惧症患者都误认为成功的社交需要会说，是用嘴

说，而嘴笨的他们就只能成为社交失败者。其实不然，身体语言同样会为你说话，它也是交流的一部分。一般来讲，非言语传达的信息占所要传达的信息的65%～93%，而且，由于大多数的非言语信息是无意识中传达出来的，所以人们也更相信非言语信息。

在社交过程中，学着用言语信息和非言语信息来表达自己的感受，这比隐藏自己的情绪更容易。在与人相处时，社交恐惧症患者可以采取以下三种方式来表达自己的情绪与感受。

1. 倾听与回复

社交是一个互动的过程，不论交际双方是滔滔不绝，还是缄默不言，都不算是一次成功的社交。因此，在社交中学着倾听对方，并适时地回应对方，偶尔表达一下自己对某些事情的理解，说一说自己的看法，即做出积极的评论或者向对方提问，都会让你的社交更顺畅。

2. 目光接触

很多影视剧中都会出现这样的桥段：情侣中的一方因为某些原因不得不与另一方分开，此时，另一方总会要求对方看着自己的眼睛说“不爱”；在刑侦剧中，警察在审问犯人时也会要求犯人看着自己的眼睛。甚至我们在调侃时也经常会说“确认过眼神”。

毫无疑问，目光接触是人际交往中的重要一环。但很多社交恐惧症患者都抵触与他人进行目光接触，尤其是视线恐惧症患者。如果你也抵触与人目光接触，不妨先试着观察他人一秒钟、两秒钟，然后再逐渐延长时间。目光接触不仅可以让你看到他人的反应，还会促使他人对你的发言做出反应，使你获得积极的心理暗示。

3．微笑

很多社交恐惧症患者在社交场合中很少微笑，他们往往会感到紧张，觉得不知所措。甚至有部分人为了表示友好，会在与人交往时咧嘴大笑，但是笑得比哭还难看，反而让人感到尴尬。其实，一个简单的微笑只要保持三秒左右，就能给人留下好印象。

你可以试着在跟人打招呼的时候微笑一下，或者在对方谈到你的某件事情时用微笑来回应一下。有时候，即使你什么话都不说，只是冲着对方微笑，也会给人留下你善于交际的好印象。

总之，社交并不像你想象中的那么难，学会用言语和非言语信息来表达自己的感受，让他人感受到你的善意与友好，你也会被他人温柔以待，体会到社交的美好，享受到社交的乐趣，从而不再害怕社交，摆脱社交恐惧的困扰。

小知识

对于言语和非言语两种信息传达方式，注重这两种信息的一致与匹配是很重要的。如果两种信息之间出现冲突，就像我们常说的“言行不一”“口不对心”，很可能会引发人们的焦虑与疑虑。

打开心门，让朋友带你走出社交困境

节前导读

在人生道路上，朋友的作用与影响不可忽视。当你备受社交恐惧的困扰时，不要将朋友隔离在外，要打开你的心门，去信任朋友，试着寻求朋友的帮助，让他们带你走出困境，改善你的社交困扰吧。

很多社交恐惧症患者都会逃避社交，将自己封闭起来。他们大都有过这样的想法："如果可以，我宁愿找一个没有人的地方，自给自足，过自己的生活，断绝与外界的一切联系。"他们对朋友没有那么信任，总是觉得朋友一有机会就会批评自己，对自己做出负面评价，因而会主动疏远朋友，为自己参与社交设立屏障。

有研究表明，那些拥有更多朋友，与朋友和家人关系更好的人在身心方面也更加健康，而且，在朋友和家人的帮助下，他们更容易产生满足感与幸福感，也能更好地应对生活中出现的问题。

当你遇到困难与挫折时，朋友会给你提供建议与情感上的支持，成为你的精神支柱。所以，不要排斥你的朋友，不要拒绝他们的帮助，打开心门，让朋友了解你的社交困境，并让他们带你走出社交困境。

现在，请你结合自己目前的实际情况，在下表中选出与自己当前的状态最符合的一项，了解一下自己与朋友的交往状况。

表8-1　交往状况统计表

活动名称	频率				
	每天或几乎每天	1周2次左右	1个月2次左右	少于1个月1次	从不
与朋友聚会（在自己家或朋友家）					
与朋友聚会（既不在自己家，也不在朋友家）					
和朋友网络聊天或打电话					
与邻居聊天					
与亲戚聚会					
与亲戚网络聊天或打电话					

如果你与朋友之间的联系在1周2次以上，那么说明你的友谊状况良好；如果你与朋友之间的联系在1个月2次左右，那么说明你的交往状况还不错，但仍有提升的空间；如果你与朋友之间的联系少于1个月1次，那么说明你需要努力增加与朋友交往的次数。

社交恐惧症患者对自己和朋友都比较挑剔，对朋友缺乏信任，担心朋友会拿自己的短处寻开心，让自己难堪，也担心朋友会不认同自己的观点，并因此嘲笑、轻视自己。其实，真正的朋友并不会利用那些令你感到难过的信息让你难堪，如果有人对你不友善，那你要重新考量一下你们之间的友谊了。

所以，在与朋友相处时，你可以试着信任他们，将自己的处境告知他们。当你因为害怕社交而不得不拒绝朋友聚会的邀请时，你可以将自己内心的矛盾说出来；当你因为在人多的场合感到不自在时，你可以向朋友说一说自己的感受，并寻求朋友的帮助。

相信朋友，让他们成为你的后盾，成为你参与社交活动的加油助威者。当你打开心扉与朋友交往，与他们分享你的感受时，你们之间的友谊会更深厚。而且，在与朋友相处的过程中，你也会逐渐克服心魔，从而从社交恐惧中走出来。

小知识

很多社交恐惧症患者都不擅长寻求帮助，他们就像在黑暗和风雨中的独行者，靠着自己微薄的力量在前行。而朋友的帮助会给他们带去温暖与力量，让他们不再害怕社交，心中反而充满勇气。

扩大交际圈，走出内心的恐惧牢笼

节前导读

与其屈从于内心的恐惧，不如想办法克服它、战胜它。主动与他人接触，主动参与自己感兴趣的社交活动，营造良好的社交情境，这都会让社交恐惧症患者内心的恐惧情绪得到缓和，从而逐渐摆脱恐惧。

你是不是很少主动与他人进行社交互动？在社交活动中，你是一个主动者还是一个被动者呢？拥有活跃的社交生活会帮助你建立新的友谊，让你对社交多一些自信。

如果你不善于和别人相处，总是逃避与人交往，或者总是与固定的几个朋友聚在一起，不敢去建立新的友谊，一旦置身于人多的场合就浑身不自在，被社交恐惧所折磨，那么，扩大你的交际圈，主动参与社交活动，你会在社交实践中战胜内心的恐惧，摆脱社交恐惧的束缚。

1. 社交从一句问候开始

面对小区里每天见面但从未说过话的门卫，面对同一楼层但不熟悉的邻居，你会主动打招呼吗？有时候，一句简短的问候就可以缩短人们之间的距离，为建立新的友谊打开一扇窗。

向兢兢业业的小区保安问声好，向经常见面的邻居挥挥手，向上班偶遇的同事问声早，你就会发现，简单的一句话、一个动作就能让你们友好相处的氛围变得浓厚。打破自己的舒适区，主动接近他人，与他人互动，你内心对社交的恐惧也就不会被无限放大。

当然，在刚开始时，你可能很难开口，担心他人对自己的评价，表情、动作可能会很不自然。但当你获得他人友好的反馈时，你就会知道自己原本的那些负面想法并不会真的出现，这样你就可以放下恐惧。大胆地问候他人吧！

2. 别让习惯性拒绝操控你

“我明天有事，去不了你的生日聚会了，你们玩得开心点儿。”“这周末我有约了（实际上并没有），无法参加社区举办的下象棋活动了！”“我晚上要加班，你们去吧，我就不去了。”当有人邀请你参加一些社交活动时，你是不是也会找类似的借口拒绝呢？

你没必要接受每一个邀约，但也不必拒绝所有的邀约。如果其中有你很感兴趣的活动，那就不要习惯性地拒绝。要知道，每一次社交活动都是你直面内心恐惧的机会。

如果你犹豫不决，不妨先思考一下，比较一下接受与不接受这些邀约的理由，然后尽可能多地接受邀约，面对内心的恐惧。

3. 主动组织社交活动

如果你会因为进入一个陌生的环境而感到恐惧，也可以试着在自己熟悉的环境中组织社交活动，如邀请别人来家里做客。

当然，你可能担心别人会批评你家中的摆设，会质疑你家的装修风格，会不满意你的厨艺。那你不妨将自己的担忧与恐惧都写下来，然后问问自己，这些问题是否真的存在，如果自己是被邀请的一方，是否会做出负面评价。只要你做好了充足的准备，那么一切都不再是问题。

还有一点需要注意，邀请他人来家里做客的根本目的是为你自己营造一个舒适的社交氛围，让你战胜内心的恐惧，所以，你应该给自己留出足够的时间与他人相处，不要以准备饭菜、收拾房间等为借口逃避与人接触。

当然，为了丰富你的社交生活，不再受恐惧摆布，你还可以提前计划一些社交活动，如报名参加健身班、志愿者活动、户外运动等。总之，扩大你的交际圈，在实践中体验社交的乐趣，你便会少一点恐惧，多一点享受。

小知识

男性和女性会以不同的方式与人建立友谊。一般来说，男性通常会通过参加户外活动、运动等来建立友谊，女性通常会通过网络聊天、打电话或聚会来建立友谊。了解这些差异，你在交朋友时会变得更顺利。

冷静思考，在社交冲突与批评中修炼内心

节前导读

社交中出现的冲突与批评就是我们常说的“逆境”，如果你一次次地逃避逆境，就难以战胜自我，难以真正成长。正视社交中的冲突与批评，修炼强大的内心，你会发现社交其实很简单，并不值得你害怕。

在与人相处的过程中，冲突和批评都是不可避免的，而处理冲突、面对批评则是我们应该学习的。尤其是对社交恐惧症患者来说，接受冲突与批评，允许出现分歧与失误，也是一种挑战。

在社交中出现冲突与批评时，社交恐惧症患者往往会将错误直接归咎到自己身上，极端地认为这是一次失败的社交，甚至会暗下决心再也不参加此类活动。其实，社交中出现冲突与批评是很正常的。掌握应对冲突与批评的办法，学会在冲突中解决问题，在批评中成长，才能让内心修炼得更加强大，让自己不再害怕社交。

面对社交中的冲突与批评，社交恐惧症患者可以采取以下方法来应对。

1. 不逃避

社交恐惧症患者在与人接触时习惯逃避冲突和批评。有些冲突在回避后会自行化解，但是有些冲突则会逐渐发酵，直至无法避免，甚至会给双方都造成更大的伤害。

因此，在冲突变得更加严重之前不逃避，直面并处理冲突，才不会让情况变得更糟。

2. 进行客观的思考

社交中出现冲突、被他人批评难道都是自己的责任吗？别人是不是也有有失偏颇的地方呢？为什么会引发冲突？别人经常在什么情况下批评我？别人的批评有道理吗？……当出现冲突与批评时，你是否会思考这些问题？其实，进行客观的思考可以帮助你更好地理解冲突与批评，对自己所参与的社交活动看得更深入。

所以，当你深陷冲突与批评中时，不妨当一个睿智的观察者，冷静地考虑自己的所言所行，不逃避、不推卸自己的责任，但也不应将所有的责任和错误都归咎到自己身上，从而害怕社交。

3. 不过激地回应

有些社交恐惧症患者在面对冲突和批评时会试图“以暴制

暴”，觉得他人对自己有意见，是故意在针对自己，因而会找借口维护自己的观点，不接受对方的批评，从而使冲突愈演愈烈，自己心中对社交的好感度也会直线下降。

其实，此时最好的处理方式便是解决问题，找出冲突与批评的根源，并想出相应的解决办法，而不是互相指责。所以，当你作为社交冲突的当事人时，不妨先让自己冷静下来，告诉自己：“事到如今，我们还是先想一想有什么办法来解决问题吧！”

起起落落是人生的常态，冲突与批评也是社交的一部分。不要因噎废食，不要因为曾经出现的社交矛盾而害怕社交。其实，处理冲突与批评也是一种社交技能，正确地处理冲突，面对他人的批评，这些都将成为你社交中的宝贵财富，提升你的人际交往能力。

小知识

有人曾建议我们不要在愤怒的时候做任何决定，因为这会让我们后悔。其实，在发生冲突时，人们的大脑往往会被愤怒充斥，说出不理智的话，做出不理智的事。所以，如果你正处于冲突或批评的风暴中心，不要急着发声，先冷静下来，你会发现解决问题的办法很简单。

学点社交技能，吃下定心丸让你不再担忧

节前导读

社交恐惧症患者担心自己在社交中的表现不如人意，对自己缺乏自信，因而对社交就越发回避。让他们学习并掌握一些社交技能，就像是给他们吃下了一颗定心丸，让他们的心里有底。

在很多人的眼中，社交恐惧症患者是消极应对社交的典范。如果将社交比喻成工作，那么社交恐惧症患者就是消极怠工、懒懒散散的一群人，是不积极、不主动的工作者。虽然社交恐惧症患者呈现出来的精神面貌与那些消极怠工的人别无二致，但是他们不是毫无思考的，他们想得甚至比一般人都多。

“做还是不做？”这是社交恐惧症患者经常思考的问题。而在一番“深思熟虑”之后，他们的选择又往往是“不做”。

比如，当他们看到对面走过来一位熟人时，他们的大脑会高

速地运转，快速地思考："他要走过来了，我要和他打招呼吗？如果我先和他打招呼，他会不会觉得我喜欢他，想要追求他？如果我没有和他打招呼，他会不会觉得我讨厌他，就不想跟我接触了？如果他本来就不喜欢我，会显得我太主动吗？……算了，我还是假装没看到吧！他不会看出来我是假装的吧？"在经过了这样一番思想斗争后，社交恐惧症患者大多就表现出了消极社交的精神状态。

由此可见，缺乏必要的社交技能和高度紧张而导致的精神不集中，是社交恐惧症患者不采取行动的主要原因。因此，让社交恐惧症患者学习并掌握一些社交技能，能够帮助他们更从容地应对社交情境，以积极的态度与全新的精神面貌去参与社交。

社交恐惧症患者可以从以下两点切入，帮助自己展开一段顺利的对话，与他人舒服地相处。

1. 学会赞美与接受赞美

赞美定律告诉我们，每个人都渴望得到他人的赞美，在人际交往中，一句赞美的话会瞬间打破双方的心理隔阂，使我们的人际关系迅速"破冰"，让交际的氛围变得融洽。当你不知道该以什么话题开启社交时，不妨给予对方赞美吧。

要赞美对方，可以从以下几个方面着手。

赞美对方的衣着服饰。比如："我喜欢你的这身衣服，真是太漂亮了！""你的耳环是在哪里买的，真好看！""这身西装是量身定做的吗？太符合你的气质了！”

赞美对方的身材、长相。比如：“你是怎么保持身材的，我真想跟你取取经。”

赞美对方的某项技能。比如：“刚才你的歌唱得太好听了！”“你家里的盆栽修剪得也太有型了吧，能不能教教我呢？”

赞美对方的某种个性、特征。比如：“我喜欢你的性格，我也很想像你一样开朗。”“你的笑容很有感染力，总能让我也开心起来。”

赞美对方的物品。比如：“这个水杯真可爱，萌萌的！”“这辆车也太酷炫了，你的眼光真是一如既往地好！”

除了赞美他人外，学着接受赞美也是很有必要的。比如，有人夸你的新发型好看时，如果你回复类似于“我其实不喜欢这个发型”“我觉得这个理发师不让人满意”这样的话，只会驳了对方的面子与好意，使对方不开心，也会使双方的交往陷入尴尬的局面。最好的回复是对赞美给予积极的回应。当你受到他人的赞美时，不妨笑着表示谢意，同时肯定对方的意见。比如，你可以这样说：“谢谢，我也觉得这个发型还不错。换了个发型，心情也舒畅了许多呢！”

当然，对于社交恐惧症患者来说，不论是主动赞美他人，还是坦然地接受他人的赞美，都十分具有挑战性。如果你也觉得这是一件有挑战性的任务，那就给自己制订一些规矩吧。比如，每天至少说出两句赞美，至少夸赞两个人，等等。让自己避无可避，勇敢地面对社交。

2. 让自己有话可说

要顺利地与人交往，就要让自己有话可说。而社交恐惧症患者在社交中的表现刚好与之相反，他们不知道能说些什么，该说些什么。其实，要开启话题并不难，可以从以下几点入手。

说天气。比如："今年冬天北京一直没下雪，也不知道雪什么时候能办好进京证啊！""最近一直刮风，把雾霾都吹走了，天气真是不错！"

说新闻。比如："前段时间春节档的电影总有资源流出，现在国家对版权方面要求更严格了。"

说娱乐。比如："《流浪地球》这部电影你看了吗？这个特效制作得真是让人眼前一亮啊！""要保持身材真是太难了，我前几天加班，连续吃了几天夜宵，现在看起来胖了一圈儿，有什么运动可以快速减肥呢？"

说糗事。比如："上次我逛街，看到一个很可爱的烟灰缸，一冲动就买了。买到家之后我就后悔了，因为我的家人都不抽烟，一个烟灰缸摆在那里总感觉怪怪的，可是又舍不得扔掉。"

当然，自曝糗事也要有个度，说些自己的小错误无伤大雅，但不要用力过猛，以免给对方留下坏印象。

如果你想要让这场谈话继续下去，就要对你找的聊天话题有自己的理解，尤其是在聊新闻、电影、时事等主题时，你要有自己的想法，对方才更乐意接你的话茬，也会与你相谈甚欢。所以，平时多了解一些生活常识，深度研究一些电影，积累发生在身边的趣事，这都会为你的社交增加谈资。

3. 礼貌地告别

告别在人际交往中也是一门学问，良好的告别会为此次社交画上一个完美的句号。当你们的谈话步入尾声，或者因为某些特殊原因而需要中止谈话时，有礼貌、有技巧的告别语会为你加分，让别人对你多一分好感。

成功的告别语应该包含以下三个信息。

谈话要结束了。比如："如果时间允许，我真想再跟您聊上一会儿。""不好意思，我有事要提前离开了。"

我很享受此次交谈。比如："很高兴跟您交流，我受益颇多。"

期待下次相约。比如："希望下次有机会跟您长谈。"

当然，很多事都是知易行难，不论是赞美他人、接受他人的赞美、寻找聊天话题，还是礼貌地告别，对社交恐惧症患者来说，这些都是挑战，都需要一点一点地练习。而在掌握了这些社交技能后，他们就会对参与社交多一分自信，少一点焦虑与担忧。

小知识

趋利避害是人类的本能。对社交恐惧症患者来说，参与社交就是在让自己难受，逃避社交才是令自己感到舒适的选择。为了让社交恐惧症患者掌握这些社交技能，让他们与自己签订契约，或者寻求朋友的监督都是不错的选择。

延伸阅读 克服低自尊，塑造积极的社交形象

节前导读

社交恐惧症患者对自己价值感的评价很低，他们更容易受到社交失败、他人的否定、无法满足自己的预期等方面的影响，变得越发自卑。帮助他们克服低自尊，塑造积极的社交形象，是建立自信的关键，也是社交成功的关键。

自尊是个体在与他人比较的基础上对自己做出的一种评价，而在这个比较的过程中，如果比较的方式不恰当，就很可能令人产生挫败感。对于社交恐惧症患者来说，这种挫败感会让他们产生“我是一个失败者”的想法，尤其是当他们在社交中表现不当时，这种强烈的挫败感会一直困扰着他们，使他们越发想要逃避社交。

因此，真正地了解自己，了解自己是怎样看待自己的，了解对自我价值和自我接纳的总体感受，然后鼓起勇气改变那些负面的影

响，你便不会再被一点点的挫折吓倒，不再因为一次的失败而否定社交给你带来的好处。

下面这个自尊量表可以帮助你对自己的积极感受与消极感受进行评估。请阅读下面的题目，并根据自己的真实想法做出选择。此量表总分为10～40分，分值越高，代表自尊程度越高。

表8-2　自尊量表

题目	非常符合	符合	不符合	很不符合
1. 我感到我是一个有价值的人，至少与他人在同一水平上	4	3	2	1
2. 我感到我有许多好的品质	4	3	2	1
3. 归根结底，我觉得自己是一个失败者	1	2	3	4
4. 我能像大多数人一样把事情做好	4	3	2	1
5. 我感到自己值得骄傲的地方不多	1	2	3	4
6. 我对自己持肯定态度	4	3	2	1
7. 总体来说，我对自己是满意的	4	3	2	1
8. 我希望我能为自己赢得更多尊重	4	3	2	1
9. 我确实时常感到自己毫无用处	1	2	3	4
10. 我时常认为自己一无是处	1	2	3	4
我的分数				

得分在20分及以下者，多是低自尊者。自尊不足的人无法对自己和他人给出正确、中肯的评价，在社交活动中也通常会给人留下不好的印象，而这些不好的社交经历又会使他们害怕社交，不想参

与社交，从而形成一种恶性循环。

如果你是一个低自尊者，不妨参与到下面这个训练中。按照这八个训练步骤来建立自信。

第一步，写下你在社交中的优点与缺点，并想象一下，你想要拥有什么样的社交、过什么样的生活，当这些缺点变成优点后，你的生活会是什么样子。

如下表所示。

表8-3　在社交中的优、缺点

我在社交中的优点	我在社交中的缺点	缺点转变成优点

第二步，回顾令自己印象深刻的几次社交经历，想一想自己在这些社交活动中表现积极的一面与消极的一面，将自己表现好的地方写下来。

第三步，找到你的同路人，多和与你心境相同的朋友交流、相处，从而帮助你聆听自己内心的声音，更深入地了解自己。

第四步，提醒自己每件事都有相对性，并不是绝对的。每个人所处的位置、角度不同，想法也会有所不同，不要钻牛角尖，更不要错误地揣度他人的想法，用宽容的心态面对他人的拒绝与批评。

当然，对于他人具有建设性的意见，自己也应当接受，不要过于自我。

第五步，对低落的情绪“叫停”。当你产生消极的想法时，尤其是对自己产生负面评价时，如认为自己“很笨”“缺乏想象力”“没有吸引力”等，及时停止这种想法。

可以制作一个图表来督促自己，记录自己每天有多少次这样的想法，当你的消极想法出现的次数越来越少时，就代表正在朝着积极的方向发展。

第六步，想象自己成功的社交经历，回答以下几个问题。

①社交成功是因为自己，还是因为别人？

②有几次是因为自己，有几次是因为别人？

③与谁相处时，自己会觉得很自在、很舒服？

④什么样的社交场景更让自己感到愉快？

接下来，你就可以尽量选择与那些令自己感到自在的人相处，选择令自己感到愉快的社交场景，从而使自己在一次次良好的社交体验中享受其中的乐趣，不再害怕社交。

当你社交失败时，也许只是这个社交场合不适合你，也许是你还没有做好某些准备，不因为一次的失败就全盘否定自己，适当地调整你的社交策略，你会找到适合自己的社交方式。

第七步，学会放松。给自己充足的时间调整状态，享受独处的快乐，这样你可以更了解自己的内心，为制订接下来的社交计划做好准备。

第八步，制订社交规划，包括长期规划与短期规划。长期规划，如：在半年、一年内要交多少个好朋友，与朋友见面的总次数，参加多少次交流会，等等。短期规划，如：在一周内要做哪些事情；参加哪些社交活动；自己在社交中的表现应达到多少分；如果完成这些小目标，自己可以获得哪些奖励；等等。

进行这些训练的目的是让你发现自己的优点，找到自己有价值的地方，而不是一味地诋毁自己，对自己做出消极的评价。当然，在实际训练过程中，不必严格按照这些步骤执行，你可以根据自己的实际情况，选择更适合自己的训练方式。

另外，如果你有自己的兴趣爱好，如读书、弹吉他、跳舞、变魔术等，你也可以将其发展成特长，甚至成为某一方面的专家，这样，当你参与社交时，就又多了一份自信，又多了一个与人深入交流的话题。

你是自己人生之路上的主角，为自己设想一些主角光环未尝不可，而你在社交中遇到的挫折与障碍，不过是让你不断强大的一次次挑战。所以，勇敢地朝前看，不要整天担心自己会犯同样的错误，要相信自己一直在进步，由内而外塑造出一种主角般的积极形象。

小知识

社交失败不等于你就是一个失败的人，无法达到成功社交的彼岸。你与其他人一样，都会犯错，但也同样会获得成功。战胜内心的恐惧，克服低自尊，你会使很多不可能变成可能。

第9章

摆脱恐惧后遗症，享受社交乐趣

你好

逃避社交恐惧不仅不利于问题的解决，

反而还会造成很多恶劣的影响。

比如，无法维持良好的人际关系与亲密关系，

经常酗酒，

走上暴力与犯罪的道路，

患上抑郁症或其他类型的精神疾病，等等。

因此，

不回避社交，勇于面对自己内心的恐惧，

摆脱社交恐惧的后遗症，

你才能享受社交的乐趣。

不要有心理压力

我们一起

嗨

放轻松

很高兴认识你

大家好

加油

心理小测试 测测你的社交回避及苦恼程度

社交回避指回避社会交往的倾向，是一种行为表现。社交苦恼是当事人身处其境时的苦恼感受，是一种情感反应。

社交回避并不等于不能参与社交，要知道，“社交”的反面不是“社交参与”，而是“不回避社交”。下列题目中的测试结果只反映一个人主观上的苦恼以及行为上的回避。

测试内容

请认真阅读下面的每道题目，并决定其陈述对你是否适用。每道题目均有“是”和“否”两个选项，请你在每道题目前的括号内填上你的答案。

( ) 1. 即使在不熟悉的社交场合，我仍然感到放松。

( ) 2. 我尽量避免参加交际应酬。

( ) 3. 我同陌生人在一起时很容易放松。

( ) 4. 我并不特别想去回避人们。

( ) 5. 我通常感觉社交场合令人心烦意乱。

( ) 6. 在社交场合我通常感觉平静及舒适。

( ) 7. 在同异性交谈时我通常感觉放松。

( ) 8. 我尽量避免与别人讲话，除非特别熟。

( ) 9. 如果有同新人相处的机会，我会抓住的。

( ) 10. 在非正式的聚会上如有异性参加，我通常觉得焦虑和紧张。

( ) 11. 我与人们在一起时通常感到焦虑，除非与他们特别熟。

( ) 12. 我与一群人在一起时通常感到很放松。

( ) 13. 我经常想离开人群。

( ) 14. 在置身于不认识的人群中时，我通常感到不自在。

( ) 15. 在初次遇到某些人时，我通常是放松的。

( ) 16. 当被介绍给别人时，我会感到紧张和焦虑。

( ) 17. 尽管满房间都是生人，我可能还是会过去。

( ) 18. 我会避免加入一大群人中间。

( ) 19. 当上司想同我谈话时，我很高兴与他谈话。

( ) 20. 当与一群人在一起时，我通常忐忑不安。

( ) 21. 我喜欢避开人群。

( ) 22. 在晚上或社交聚会上与人们交谈，对我不成问题。

( ) 23. 在一大群人中间，我极少能感到自在。

( ) 24. 我经常想出一些借口以回避社交活动。

( ) 25. 我有时充当为人们相互介绍的角色。

( ) 26. 我会尽量避开正式的社交场合。

（ ）27. 我通常参加我所能参加的各种社会交往，不管是什么社交活动，我一般是能去就去。

（ ）28. 我发现同他人在一起时放松很容易。

计分方法

2、5、8、10、11、13、14、16、18、20、21、23、24、26题，回答“是”计1分。

1、3、4、6、7、9、12、15、17、19、22、25、27、28题，回答“否”计1分。

回避分量表的题目有2、4、8、9、13、17、18、19、21、22、24、25、26、27，反映被测者回避社会交往的倾向。

苦恼分量表的题目有1、3、5、6、7、10、11、12、14、15、16、20、23、28，反映被测者对社会产生的苦恼感受。

测试结果

得分范围为0～28分。其中0分表示社交回避及苦恼程度最低，28分表示社交不适程度最高。

其中，回避分超过9分的测试者，在社交活动中常常处于回避状态；苦恼分超过9分的测试者，在社交活动中常常处于焦虑状态。

打破隔阂，维持良好的人际关系

节前导读

在社交活动中，人们需要与他人保持一定的社交距离，但是很多社交恐惧症患者在与人交往中无法打破这种空间距离与心理距离，这种隔阂感会让他们无法与他人维持良好的人际关系。

任何人都需要有一个自己能够把握的自我空间，一旦这种自我空间被侵犯，人们就会感到焦虑不安。正如契诃夫的小说《装在套子里的人》中的主人公别里科夫一样，社交恐惧症患者也倾向于生活在自我的空间里，将自己与其他人隔离开来，使自己孤立。他们既不指望自己从他人那里获得温暖与快乐，也不会主动向他人传递温暖与快乐。

很多人在做出决策之前都会算一笔账，确定自己将会付出的金钱成本、时间成本以及可能得到的收获等，然后再决定是否实施某个决策。在人际交往中也是一样，当我们决定与一个人继续交往时，就必然期待可以从对方那里获得些什么，或者至少自己的付出与得到能成正比。

社交恐惧症患者在计算成本与收获的过程中，大脑中想的大多是："虽然他很友好，但是值得我跟他继续交往吗？即使我觉得值得，难道对方也觉得值得与我交往吗？而且，万一我们深入交往之后，发现对方并不如想象中的那么好，该怎么办呢？"

于是，在犹豫与疑惑中，为了不使自己遭受所谓的"损失"，大多数社交恐惧症患者得到的答案是——"我还是不要去碰运气了！"

一位社交恐惧症患者这样描述曾经的自己——

我非常害怕社交，不敢与人进行深入的接触。即使我对某个人真的很感兴趣，很欣赏，我也不会表现得很主动，反而会让自己看起来对他漫不经心，让人觉得我根本不在乎他。我的行为总是与思想背道而驰，为了不承担被拒绝的风险，我也只好这样伪装自己。

其实，社交恐惧症患者的这种行为是缺乏安全感的表现，他们无法轻易地信任对方，因而会主观地做出对自己来说"低成本"的行为，尽量减少社交中的尴尬局面。

社交恐惧症患者之所以经常选择独处，是因为他们在社交中总是会感到焦虑不安，他们担心自己会因表现不佳而被人嘲笑，担心自己不被他人接纳。而且，他们总是会过分地关注自己大脑中的负面想象，使自己遭受社交恐惧的侵扰。因此，只有打破与他人之间的心理隔阂，社交恐惧症患者才能更好地投入人际交往活动，维持良好的人际关系。

习惯性的逃避行为并不能消除社交恐惧症患者内心对他人的排斥心理。只有面对社交，有勇气承担与人交往的风险，不再与自己的真实想法相违背，社交恐惧症患者才能破除当前人际关系的窘境，建立美好的人际关系，为自己的社交活动带来生机。

所以，如果你也在犹豫、徘徊，为“是否要信任他”而纠结，请试着依靠当时的情境、思维状况以及以往的社交经验，在认真思考后做出判断，而不要习惯性地给出否定的答案，拒绝对方的好意。要知道高收益往往伴随着高风险，当你跨出了与对方深入交往的第一步，虽然需要冒一些风险，但结果会令你受益良多。

小知识

对社交活动保持一颗平常心，不过分关注自我，不过分担心糟糕的后果，而仅仅享受社交的过程，体验与人相处的乐趣，你也可以掌握社交的主动权。

消除误解，维持稳定的亲密关系

节前导读

有些社交恐惧症患者即使在亲密关系中也无法与对方坦诚地交流，容易引起对方的误解，甚至会使亲密关系破裂。因此，社交恐惧症患者需要逐渐克服自己内心的恐惧，掌握一些消除误解的社交方式，以便维持稳定而良好的亲密关系。

在亲密的人面前，我们大多数人都会感到很自在，与对方无话不谈，但是大多社交恐惧症患者对亲密关系有着严重的畏惧心理，当他们的私人空间被侵犯时，他们往往会十分不安，选择逃避，而不是去提出问题、解决问题。

亲密关系比友谊更复杂，如果亲密关系出现问题，会给双方造成更大的伤害与误解。要想建立一段稳定的亲密关系，需要伴侣双方的共同努力。以下几个小方法可以帮助社交恐惧症患者建立一段亲密的关系。

1. 与伴侣谈话

不论是同事、朋友，还是家人、爱人，交流都是必不可少的。大多社交恐惧症患者在亲密的人面前也无法做到完全放松，他们担心自己说的某些话会让对方多想，也会影响自己在对方心中的形象。于是，为了不说错，为了不影响两人之间的关系，他们就干脆选择不说。但正是由于缺乏交流，双方之间的隔阂与误会也会逐渐加深。

因此，在与亲密的人相处时，不要总是想着伪装自己，多说一说自己的心里话，你与对方的交流越深入，对对方就会多一分理解，少一分误解，两人之间的相处也会更自在、更随意。

即使有不满，你也可以说出来，不然你内心那颗不满的种子会逐渐发芽长大，让你越来越难受，甚至使亲密关系破裂。

2. 共同参加一些活动

如果你们有共同的兴趣爱好，一起参加一些活动是最好的选择，如打乒乓球、跳街舞、溜冰、滑雪、去图书馆看书等，这样既有共同话题聊，又可以增进双方的感情。

当然，你们也可以一起学习某项技能，在学习中共同进步。但要注意，如果对方十分热衷于参加某项活动，而你又十分排斥，那你也不必勉强自己去迎合对方。要知道，参加活动的目的是让双方都产生愉悦感，从而使感情升温，如果你压抑内心的愤怒、厌恶，参加自己不喜欢的活动，结果往往会事与愿违，弄得双方都不愉快。

3. 经常约会

不论是正在交往的恋人，还是已经结婚的爱侣，约会都会使双方的感情升温，让双方的关系更亲密，心更贴近。所以，不要不好意思，主动约你的另一半去看电影、看话剧、听音乐会吧！如果你不喜欢外面嘈杂的氛围，在家里来一顿浪漫的烛光晚餐也不错。

亲密关系中出现误解是必然的，我们能做的就是尽量消除误解，让双方的关系朝着好的方向发展，而不是让裂痕越变越大。

如果你实在难以与对方交心，或者某些话说不出口，不妨用写信或者发消息的方式告诉对方。信任对方，你们的关系也会越来越亲密。

小知识

有些社交恐惧症患者为了避免接触更多的人，避免过多的社会交往，在与约会对象见过几面之后便会决定结婚，他们的想法是：“虽然我并没有那么爱他，但是我感觉很自在，而且不必再参加令自己感到恐惧的约会了。”这并不是理智的决定。

寻求他人帮助，不用酒精来掩盖无能感

节前导读

社交恐惧症患者想要通过饮酒来掩盖自己的无能感，更好地融入社交，但结果往往与自己的初衷背道而驰，使自己陷入酗酒问题之中。因此，寻求他人的帮助，克服酒精依赖，他们才有精力去克服社交恐惧。

很多影视剧中都会出现“借酒壮胆”的场面。比如，男主角准备向女主角表白时，由于太过紧张，可能会喝一点儿酒；员工不满领导的“剥削”，要找领导理论时会先喝点儿酒。

喝酒可以缓解一定的焦虑，在社交活动中，社交恐惧症患者会通过喝酒的方式使自己放松下来，舒缓压力，甚至有人会在社交活动前就开始喝酒，为自己壮胆。

有一项调查显示，20%～40%的酗酒者实际上是焦虑症患者和社交恐惧症患者，酒精强大的抗焦虑功能让人们越来越依赖它。通

过喝酒来缓解自己在社交活动时的紧张感与焦虑感，虽然有一些症状会暂时减轻，但这样做很可能会形成酒精依赖。而且，随着时间的推移，要达到同样的放松效果，就需要喝更多的酒，很容易导致酗酒。另外，在喝酒之后的第二天，人们的焦虑、烦躁情绪很可能会加剧。

用喝酒的方式来降低自己对社交的恐惧并不是一个好办法。20%的社交恐惧症患者都有酗酒问题。你也是酗酒者其中的一员吗？下面这个测试可以帮助你做出回答。请你回顾自己在这半年或一年内的情况，用“是”和“否”来回答下面表格中的6道题目。

表9-1　酗酒情况测试表

题目	答案
1. 你在一周内喝含有酒精的饮料是否超过了3瓶？	□是 □否
2. 以你日常喝酒的一天为例，你是否喝了超过4瓶酒？	□是 □否
3. 你是否有时候一旦开始喝酒就止不住了？	□是 □否
4. 你是否有时候早上起床之后需要喝一杯才能开始工作？	□是 □否
5. 你喝酒之后是否会产生后悔或懊恼的感觉？	□是 □否
6. 你的亲戚、朋友、同事是否建议你少喝一点儿，或者对你的酗酒问题很担心？	□是 □否

如果有一个或者一个以上的问题你回答“是”，那么你就很可能存在酗酒问题，你应该对此采取措施。

酒精对社交恐惧症患者的智力表现并不会产生什么惊人的影响，对于那些酗酒的社交恐惧症患者来说，酒精对他们起的最大作用就是自我暗示。

美剧《生活大爆炸》中有这样一个桥段。在女性面前无法开口说话的拉吉在喝酒后可以跟女性交流，他一直以为是酒精的作用。在一次乘火车参加学术会议时，在火车上，拉吉喝了啤酒去跟一位美女演员搭讪，与美女聊得不亦乐乎，他的“损友”霍华德却向拉吉指出他喝的是无酒精啤酒，拉吉当场就说不出话了。

对于社交恐惧症患者来说，在进入社交场合前和在社交场合中喝酒，主要是为了缓解焦虑情绪，让自己不那么难受；而在社交活动结束后，他们往往会借助酒精来麻痹自己，试图消除自己内心的羞耻心理。但是很多酗酒的社交恐惧症患者并不会主动承认这一点。因此，想要戒酒，首先就要承认自己是一个酗酒者，然后再积极地向他人寻求帮助，而不是一直逃避。

社交恐惧症患者喝酒的最根本原因是想要克服自己的无能感，希望被他人接纳，希望自己能融入社交之中，但酗酒则会让他们离自己的初衷越来越远，甚至会成为别人眼中的异类，被他人拒绝。同样的，很多害羞的青少年开始饮酒，大多是为了适应同龄人饮酒所带来的压力，他们不希望自己被看成异类，被同龄人孤立。

如果你也存在酗酒问题，那就先解决它，然后再应对社交恐惧。因为如果你仍然需要通过喝酒来缓解自己在社交中的焦虑与恐惧，那么直到你戒酒之前，你的社交恐惧都不可能有所好转。

因此，你首先需要正视自己的酗酒问题，然后寻求朋友和家人的帮助，逐渐摆脱酒精对自己的束缚，走出社交恐惧的折磨。

小知识

因为社交恐惧症患者不喜欢出门，也不喜欢与人进行面对面的接触，所以网络就成了他们与人接触的主要工具。使用网络进行社交可以缓解社交恐惧症患者的社交焦虑，但同时也会存在网络成瘾的风险，使他们沉迷网络，无法自拔。

发泄郁闷，让暴力和犯罪远离你

节前导读

在社交中丢掉自我是避免暴露的一种方式，但这种屈从式的社交方式也会使自己真正的想法与感受无处表达。长此以往，堆积起来的愤怒与怨怼也会越来越多，容易使人行差踏错，走上暴力与犯罪的道路。因此，表达自己的感受，发泄内心的郁闷，是不逃避社交的重要一课。

通常来说，社交恐惧症患者在社交活动中大多会逐渐抛弃自己的个性，希望与别人“打成一片”，成为其中普通的一员。就像老师在课堂上问了一个大家都不会的问题，学生都期待老师看不到自己一样，社交恐惧症患者在参与社交时也不希望自己在人群中太过突出、显眼，而这种社交方式就会使他们压抑自己的感情。

社交恐惧症患者并不会公开表达自己的情绪，更不会显露自己在社交中的挫败感，他们会克制和压抑自己的感情，对社交采取冷漠、逃避的态度，从而达到保护自己不受他人干扰的目的。

当社交活动不可避免时，他们就会感到十分困扰，尤其是当社交中出现分歧时，由于社交恐惧症患者不愿意违背他人，也没有能力去找到一个令双方都满意的解决策略，因此，退让、回避、放弃自己的决定，去做他人期待的事情，就成了他们解决问题的主要方式。

而这种被迫屈服的情景若是经常出现，社交恐惧症患者内心的怨恨与不满就会越积越多，在某个节点被点燃后，他们的负面情绪就会全面爆发，甚至走上暴力与犯罪的道路。

艾德·马格里对一组已经被判决有罪的杀人犯进行了研究。结果发现，与普通人相比，冲动型的罪犯曾经因多次袭击、殴打他人而受到法律的制裁；而那些内向一些的罪犯，即使曾经也遭受过敌意与不满，但他们很少表达出来，犯罪时大多是他们第一次公开地表达自己的内心感受。

此外，有些社交恐惧症患者害怕权威，即使发现有不公正的事情，他们也不敢挑战权威，而甘愿在被动与默默无闻中安全地生存。盲目地服从权威，使他们很容易成为某些激进人物的追随者，从而做出伤害自己与他人的事情。

所以，对于社交恐惧症患者来说，积极地表达自己内心的感受，不压抑自己内心的想法，不做出违背自己意愿的行为，才能更好地规避问题，远离暴力与犯罪。

如果你是一名社交恐惧症患者，请学着表达自己的感受，不要担心会因此给自己带来不好的影响。做自己想做的事情，努力与别人沟通，即使这样做会让人有些不舒服，但这可以让你正确地表达自己的情绪与感受，让你不再被困于痛苦之中。

另外，多做运动、听音乐、调整自己的饮食习惯等都可以在一定程度上缓解焦虑情绪，排解内心的负面感受。当你产生悲观、愤怒、不服、焦虑、郁闷等负面情绪时，不要视而不见，任由它滋长、发芽，更不要故意压制它．试着通过这些方式将负面情绪宣泄出来，你的心才不会被它们侵蚀。

宣泄负面情绪，走出自我的牢笼，你的心里不再有怨念和委屈，暴力与犯罪自然也会对你绕道而行。

小知识

患有社交恐惧症的人很少主动表达自己的真实感受，因此帮助他们表达自己积极的、消极的感受，也是在让他们表达、宣泄自己的情绪，让他们远离孤独。

别让你的社交恐惧症并发抑郁症

节前导读

由于人际交往中的退缩与孤独感，社交恐惧症患者很容易患上抑郁症。因此，在患上社交恐惧症时不要回避，积极地寻求专业帮助，能有效地治愈社交恐惧症，降低抑郁症的患病风险。

50%～70%的社交恐惧症患者最终会患上抑郁症。社交恐惧症患者怀疑自己的能力，不敢与他人交往，在社交场合中总是十分敏感，表现得闷闷不乐、焦虑不安，无法享受社交的乐趣。这种种表现都可能使社交恐惧症患者变得神经衰弱，提高罹患抑郁症的风险。

一项针对243名抑郁症患者所做的研究表明：抑郁症患者中有2/3是社交恐惧症患者或者逃避型人格者，而且，他们的抑郁症比一般人患得更早，症状也更加严重。

抑郁症会给人们的日常生活、工作带来很大的影响，因此，我们应该对此保持警惕。抑郁症的常见迹象与症状包括以下几点：

★对参加活动失去兴趣。

★经常感到悲伤、情绪低落、忧郁、不开心。

★出现睡眠问题，睡得太多或太少，甚至失眠。

★出现食欲问题，吃得太多或太少。

★精神不振，充满无力感与绝望感。

★难以集中注意力。

★无法感到快乐。

★对目前的状况感到自责。

★觉得生活没有意义，甚至会想到自杀。

如果你超过两个星期出现以上症状中的若干项，那么你很可能患上了抑郁症。建议你尽快寻求心理医生的帮助。

一般来说，在社交恐惧症发病之后的2～5年，患者更容易患上抑郁症，而且，抑郁的程度会随着时间的延长而逐渐加重。不过值得庆幸的是，很多人在患了抑郁症之后受到心情低落、无法入眠，甚至脑海中经常会出现自杀的念头的折磨，因而愿意就医，而单纯患上社交恐惧症的患者则很少主动寻求心理医生的帮助。

在进行治疗时，由于社交恐惧症患者的症状和主诉都以抑郁为主，因此，医生也大多会先采取治疗抑郁症的办法，而社交恐惧症很少被诊断出来。在经过几次治疗，等病情稳定之后，才能诊断出患者的社交恐惧症，抑郁的症状才能得到缓解。

一位患有社交恐惧症的抑郁患者介绍自己曾经就医的经历——

有一段时间，我感到很抑郁，整个人都被低气压笼罩，提不起精神，吃不好、睡不好的，甚至想过自杀。这个念头吓坏了我，于是我赶紧去看了心理医生。

刚开始，医生给我开了一些抗抑郁的药物。吃过药后，在那一段时间，我的睡眠和食欲都有所改善，但是整个人还是没有精神。在几次谈话之后，经过心理医生的引导，我才意识到自己在社交中害怕被他人指指点点，不敢向别人敞开心扉，是因为我还有社交恐惧症。

14～24岁年龄段的人最容易患上社交恐惧症，但是由于他们并没有认识到自己的症状，也不知道怎样寻求他人的帮助，因而迟迟没有行动，使得社交恐惧症随着时间的延长而逐渐发展成了一种稳定而长期的疾病，对自己的生活产生了很多不利的影响。

所以，如果你发现自己患上了社交恐惧症，请你及早寻求帮助与治疗，最好在抑郁症出现之前就开始治疗，这时的病情最单纯，治愈率也最高。不要因为害怕社交而害怕治疗，以免使自己在社交恐惧症的基础上又患上抑郁症。

小知识

社交恐惧症合并抑郁症的患者是有自杀倾向的高危险群体，他们的自杀意念和企图都比单纯的社交恐惧症患者要高，而且，在治疗后病情也不容易马上好转，需要家人和朋友的陪伴与关心。

延伸阅读　社交恐惧症的共病

节前导读

社交恐惧症经常合并焦虑症或其他精神疾病，使人受到多种疾病的困扰，治疗的难度也会增大。因此，患者在患有社交恐惧症的初期就寻求专业帮助，可以减少患上其他精神疾病的概率。

有社交恐惧症的人同时还可能会患有焦虑症或其他精神疾病，两种疾病共同存在也就是我们所说的“共病”，比如上一节提到的社交恐惧症与抑郁症共病，即患者同时存在害怕社交与抑郁这两种症状。

除了抑郁症，社交恐惧症还会与广泛性焦虑症、恐慌症、强迫症、身体畸形恐惧症等合并。很多患者会忽略自己的社交恐惧症状，在寻求专业帮助时也会以共病症状作为主要诉求，很容易造成医生的误诊、漏诊。因此，了解社交恐惧症及其共病的特征，便于患者对其进行分辨，及时得到正确的帮助。

1. 广泛性焦虑症

至少有1/5的社交恐惧症患者也患有广泛性焦虑症。广泛性焦虑症指的是广泛而持久的焦虑，患者几乎担心生活中的任何事情，如健康、财产、孩子、工作等，习惯性地为事情预设一个不好的结果，并会为自己想象出来的这个结果焦虑，从而增加自己的身心负担，给自己的生活造成困扰。

社交恐惧症患者只是对社交场合感到焦虑、恐惧，而广泛性焦虑症患者的担心并不限于社交场合，可以是生活中的各个方面。

2. 恐慌症

恐慌症指的是在一段特定的时间内，有强烈的害怕或不适感。在恐慌发作时，患者往往会有一种末日降临的感觉，通常会感到呼吸困难、头晕、耳鸣、胸闷、气喘吁吁、手足发麻、胃部不适、要发疯或要失去控制感等，甚至怀疑自己患上了心脏病。

社交恐惧症患者可能会在对自己有威胁性的某些社交场合突发恐慌；而恐慌症患者的恐慌发作则是完全出乎意料的，与是否在有威胁性的社交场合无关。恐慌症患者在日常生活中就很有可能发作，如在做饭、工作、看电影等日常的场景中。

社交恐惧症患者与恐慌症患者的关键区别在于症状发作时他们脑中的想法不同。社交恐惧症患者会考虑自己在别人眼中的样子，担心别人会给自己负面的评价，担心自己的这些表现会使人尴尬；

恐慌症患者则通常会担心自己的身体状况，想确认自己是否患上了心脏病，而不会过多地考虑他人当时的想法。

恐慌发作是十分突然的，而且没有一定的规律，往往会让人措手不及。有些恐慌症患者会因为一次的惊恐发作而变得消极抑郁，为了不在他人面前突然发作，他们往往会选择封闭自己。

3. 强迫症

强迫症指的是一个人在遇到不想见到、令人感到不愉快的事物时，大脑中反复出现想竭力摆脱的干扰想法或者画面。强迫症的症状主要表现为强迫性思维和强迫性行为。

有强迫症的人通常看起来很正常，跟他人相比也没有什么异常表现，但是一遇到某些事情时，他们的强迫性思维或强迫性行为就会显现出来，如果没有立即处理，他们就会变得十分焦虑。

当社交恐惧症与强迫症共病时，患者会同时出现社交恐惧症的症状与强迫性思维、强迫性行为的症状。比如，在与朋友一起出门时，强迫症患者总是担心“门窗没有关好”，因而一遍又一遍地返回检查，以缓解自己内心的不安。这些反复的行为会让患者觉得丢脸，因而使他们的社交焦虑更加严重，跟朋友在一起时更感到不自在。

4. 身体畸形恐惧症

身体畸形恐惧症指的是患者过度关注自己的身体面貌，并对自身的样貌缺陷进行放大或臆想，十分在意别人的目光，因为担心别人会注视自己、给予自己负面的评价而不敢出门。比如，有些身体畸形恐惧症患者会认为自己的眼睛太小、鼻子太大等，从而会躲避别人，不想让别人看到自己的眼睛、鼻子，想要隐藏这种“缺陷”。

有研究表明，有些形式的社交恐惧症与身体畸形恐惧症具有一定的相关性。当社交恐惧症与身体畸形恐惧症共病时，患者担心的不再仅仅是自己的身体缺陷，也会担心别人对自己其他方面的评价，比如，说话是不是笨嘴拙舌、做事是不是不够灵活等。

如果你也花大量的时间为自己的外表担心，那么你很可能是患上了身体畸形恐惧症，尽快寻求专业帮助吧！

总之，对社交场合采取回避态度，任由社交恐惧症状发展，很可能会引发其他类型的疾病，从而影响正常生活，影响一个人的整体生活质量。努力克服社交恐惧，建立和维持良好的人际关系，投入一些时间和精力来处理自己在社交中的问题，你的生活会迈向一个新台阶。

小知识

社交恐惧症与许多疾病存在共病关系，这往往会让当事人和医生混淆。一般来说，当两种症状同时存在时，医生要先治疗比较严重的共病，然后再诊治社交恐惧症的那部分。

后记

POSTSCRIPT

接受内心的恐惧，做真正的社交达人

社交恐惧不是内向，也不是害羞，现在请你不要再把“内向”“害羞”当成自己害怕社交的借口，请正视自己的内心，面对心中的恐惧，不要再当想象的巨人、行动的矮子。

社交恐惧的来源多种多样，不管你是因为什么而害怕社交，要知道，这并不丢人。社交恐惧症就和感冒、发烧一样，只是它与感冒、发烧的症状表现不同而已，因而治疗方式也存在差异。因此，你不必将自己孤立起来，默默地独自承受这种病症带来的折磨，你可以积极地寻求家人、朋友以及专业人士的帮助。

对任何人来说，社交都是一种冒险，只是大多数人都会享受这个冒险的过程，有勇气承担冒险之路上遇到的意外，并将意外当成是丰富漫长旅途的一种宝贵经历。而社交恐惧症患者则会提前放大旅途中的风险，预想不好的方面，设想他人对自己充满没来由的恶意，因而他们对这场冒险之旅充满了恐惧，甚至不敢朝前踏出一步。

其实，这种冒险旅程并非像他们想象的那么恶劣，旅程上的人也并非都是尖酸刻薄之辈。如果你勇于接受内心的恐惧，敢于踏上旅途，总会遇到那些值得结交、值得信任的人。所以，不要继续活在自己想象的世界里，摆脱恶意想象，走向社交人群，你同样会成为受欢迎的社交达人！